FOR AGES
UNENDING

Por los siglos
de los siglos

THE MINISTRY OF LITURGY WITH ADOLESCENTS

El ministerio de liturgia con adolescentes

Governing Group

Kathleen Carver
Sr. Sandra DeMasi, SSJ
Mark Mann
Matt Miller
Leigh Sterten
Lisa Tarker

Task Group

Donald Boucher
Kathy Cho
Kevin Feyen
David Haas
Diana Macalintal
Rev. Godfrey Mullen, O.S.B.
Michelle Ogren
Randy Raus

Spanish Version

Instituto Fe y Vida

Editors

Laurie Delgatto
Bruce Baumgarten

Layout and Design

Ruby Mikell

For Ages Unending: The Ministry of Liturgy with Adolescents

National Federation for Catholic Youth Ministry, Inc., Washington, D.C. 20017
© 2014 by the National Federation for Catholic Youth Ministry and the Federation of Diocesan Liturgical Commissions
Published February 2014
Printed in the United States of America.

ISBN: 978-1-932619-08-9

Image Credits
Pages 5, 8, 9, 14, and 16 by Richard Clark, Indianapolis (www.richclarkphoto.com)
All other pages from iStockphoto

Serving Those
Who Serve
the Young Church

Table of Contents

Preface

Dear Reader:

Happy Anniversary! On December 4, 1963, the Second Vatican Council promulgated *Sacrosanctum Concilium (SC)*, the *Constitution on the Sacred Liturgy*.

In the past fifty years, the church has witnessed significant developments in the field of liturgical ministry. The church has also witnessed significant developments in her ministerial efforts to, for, with, and by young people.

This present work, *For Ages Unending,* is the fruit of the collaborative effort between the leadership of the National Federation for Catholic Youth Ministry (NFCYM) and the Federation of Diocesan Liturgical Commissions (FDLC). We recognize that the anniversary of this conciliar teaching presents an opportunity to further our understanding of what it means to encourage a fuller participation of today's young people in the liturgical life of the church.

In part this conversation is a continuation of the work begun in the release of the paper *From Age to Age: The Challenge of Worship with Adolescents* (1997), which lays out foundations, principles, and strategies for vibrant worship with adolescents—almost all of which still apply to liturgical ministry with youth today. As such, we have included the listing of these operational principles as an appendix to this current work.

This paper is for all those "who take seriously the call to include the young members of the church in the church's central act of worship" (paragraph 4). Yet in many ways, the current document is not complete. The well founded hope of our organizations is that this book will encourage conversation among pastors, liturgists, liturgy committee members, leaders in music ministry, and youth ministry leaders. That dialogue must also take into account the local pastoral context—especially with regard to the needs and contributions of youth in culturally- and linguistically-diverse communities and ethnic or national parishes. Fully addressing the complex challenges and richness of liturgical ministry with adolescents in such communities falls beyond the scope of this project. As the national conversation surrounding liturgical ministry with young people in particular settings advances, we intend to develop future resources to assist with the implementation of this document.

Furthermore, our hope is that the conversation among parish leaders would strengthen the active and responsible participation of young people in the sacred liturgy—"the summit toward which the activity of the Church is directed; at the same time it is the fount from which all her power flows" (*SC* 10).

The FDLC and NFCYM especially want to extend our appreciation to the Calvin Institute for Christian Worship for their grant which provided both financial and formative support to our organizations.

Robert J. McCarty
Executive Director, NFCYM

Rita Thiron
Executive Director, FDLC

Introduction

1. The Starting Point

From Age to Age (1997) lays out foundations for renewal, principles for vibrant worship with adolescents, and strategies for renewal, almost all of which still apply to liturgical ministry with youth.

About fifty years ago, the bishops of the world—gathered for the Second Vatican Ecumenical Council—approved their first conciliar document, *Constitution on the Sacred Liturgy (Sacrosanctum Concilium,* promulgated by His Holiness Pope Paul VI, December 4, 1963*).* They began with this vision:

> This sacred Council has several aims in view: it desires to impart an ever increasing vigor to the Christian life of the faithful; to adapt more suitably to the needs of our own times those institutions which are subject to change; to foster whatever can promote union among all who believe in Christ; to strengthen whatever can help to call the whole of mankind into the household of the Church. The Council therefore sees particularly cogent reasons for undertaking the reform and promotion of the liturgy. (*SC* 1)

In 2011, the leadership of the National Federation for Catholic Youth Ministry (NFCYM) and the Federation of Diocesan Liturgical Commissions (FDLC) recognized the opportunity that the celebration of the fiftieth anniversary of this conciliar teaching brought, particularly in the realm of liturgy with today's youth. Clearly, there have been significant developments in the fields of liturgy and youth ministry in

these past fifty years. Recalling the work published in 1997 by the NFCYM, *From Age to Age: The Challenge of Worship with Adolescents,* a core committee established the vision for a new work on the same topic. *From Age to Age* lays out foundations for renewal, principles for vibrant worship with adolescents, and strategies for renewal, almost all of which still apply to liturgical ministry with youth. Founded on a genuine concern about the absence of young people in Sunday worship, by addressing youth ministry leaders and youth in leadership, the authors hoped to "raise awareness of current issues that affect the worship experiences of adolescents and provide strategies for parishes to develop their own pastoral plan for responding to these issues" (4).

This anniversary year also affords pastoral leaders the opportunity to renew our commitment to "be imbued with the spirit of the liturgy" (*SC*, 29). Since the liturgy stands at the core of the church's activity and strength (see *SC,* 10), then any ministry in the church must find itself intimately related to the liturgy, flowing from the liturgy and back to the liturgy again. The past few decades have shown us resurgence in liturgical interest on the part of youth, and so this renewed spirit is all the more timely and necessary.

2. Resources that have Appeared Since 1997

Since the publication of *From Age to Age,* other resources applicable to youth ministry and liturgy have emerged, not the least of which include *Renewing the Vision: A Framework for Catholic Youth Ministry* (1997), the *General Instruction of the Roman Missal* (2001, 2010), Pope Benedict XVI's *Post-Synodal Apostolic Exhortation On the Eucharist as the Source and Summit of the Church's Life and Mission* (*Sacramentum Caritatis* promulgated in February 2007), the U.S. bishops' document on music, *Sing to the Lord* (2007), and the Third Edition of the *Roman Missal* (2011, English Translation). Following on decades of work in understanding, articulating and clarifying the place, purpose, and process of youth ministry in the church, a new day presents itself for further understandings of ministry to youth. In particular, attention must be paid to the question of how that ministry takes shape, and finds the font from which the church's power flows and the summit toward which her activity is directed in the liturgy of the church, particularly the Eucharist (see *SC,* 10).

3. Collaboration in Liturgy and Youth Ministry

The present work, then, stems from a collaborative effort between the NFCYM and the FDLC. After the establishment of a governing group, with membership from both federations, a consultation was convened involving experts in the fields of youth ministry and liturgy, including liturgical music, to determine if *From Age to Age* should simply be revised, updated, and expanded, or if a new work was in order. Their effort involved the establishment of an agenda for the paper and the identification of authors for the text.

4. The Audience and the Method

The consultation first identified the audience for this work: pastors, liturgists, and youth ministry leaders who take seriously the call to include the young members of the church in the church's central act of worship. The purpose follows from the audience: to promote dialogue among pastors, liturgists, musicians, and youth ministry leaders so that parishes can implement sound pastoral practice of strengthening the inclusion of young people in our church's liturgical life. Second, a list of key concepts was developed that would need to be addressed, all of which seemed to fit consistently into a framework of liturgical catechesis, particularly as it is described in the work of Dr. Catherine Dooley (Dooley, 1992).Relying on the model of the ancient catechumenate, Dooley suggests that the process of formation in the early church might serve as an adequate model for liturgical formation in the contemporary age as well. That ancient process took place in stages: 1) pre-baptismal catechesis, 2) participation in and celebration of the rites, and 3) a post-baptismal reflection that leads to action. She goes on to assert, "These three phases are integrated and interlocking aspects of the same process" (Dooley 1992, 393).

The consultation first identified the audience for this work: pastors, liturgists, and youth ministry leaders who take seriously the call to include the young members of the church in the church's central act of worship.

---

5. The Method Applied to the Topic at Hand

So then, what would a liturgical catechesis aimed at liturgy with youth look like? We suggest the following three stages: 1) liturgical preparation, 2) liturgical participation, and 3) liturgical living. These three stages square perfectly with the stages of the ancient catechumenate. At the same time, they also connect especially well with the three expressions of the Eucharist delineated by Pope Benedict in his *Apostolic Exhortation On the Eucharist as the Source and Summit of the Church's Life and Mission,* that the Eucharist is a mystery to be believed, celebrated, and lived. To say it more plainly, "this most holy mystery thus needs to be firmly believed, devoutly celebrated and intensely lived in the Church" (*Sac Car,* 94) and this task belongs to every member of the church.

Overview and Preliminary Considerations

6. The Central Question

Acknowledging that liturgy is the privileged place of catechesis (see *CCC,* 1074), we can legitimately ask why another document on liturgy with youth and why the discussion at all? Once that purpose is established, addressing the questions of liturgical preparation, liturgical participation, and liturgical living among adolescent members of the body of Christ will follow.

7. The Dignity of the Human Person, the Dignity of the Baptized

Perhaps the most logical place to begin any discussion of the connection of human beings to the liturgy is the dignity of the human person, and more particularly the dignity of the baptized as disciples of Jesus Christ. As we see in the *Catechism of the Catholic Church,* "The dignity of the human person is rooted in his creation in the image and likeness of God; it is fulfilled in his vocation to divine beatitude. It is essential to a human being freely to direct himself to this fulfillment" (1700). Furthermore,

> Incorporated into the Church by Baptism, the faithful have received the sacramental character that consecrates them for Christian religious worship. The baptismal seal enables and commits Christians to serve God by a vital participation in the holy liturgy of the Church and to exercise their baptismal priesthood by the witness of holy lives and practical charity. (*CCC,* 1273)

Pope Benedict VXI adds to this understanding,

> In the sacrament of the altar, the Lord meets us, men and women created in God's image and likeness, and becomes our companion along the way. In this sacrament, the Lord truly becomes food for us, to satisfy our hunger for truth and freedom. Since only the truth can make us free, Christ becomes for us the food of truth. (*Sac Car,* 2)

Fed by that truth and formed by that tradition, we recall the final command of Christ to the apostles: go, make disciples of all nations (Matthew 28:19–20). What would provide a stronger basis of catechesis, a stronger curriculum of holiness, a clearer vision of ministry with and for youth than a renewal of the spirit of the liturgy, its signs and symbols, its theology and meaning? Youth ministry leaders, young liturgical ministers, liturgical coordinators of every type—these must all be

calling the youth of the church to deeper, more intentional discipleship situated firmly on their baptismal dignity (see *CT,* 1). The age-old tradition of the church, confirmed in such popular U.S. expressions as the annual March for Life and the increasing number of teen participants at service camps and mission trips, incorporates a fundamental respect for human life and an undying esteem for the dignity of the baptized, a dignity and respect fulfilled by growth in virtue and active, intelligent participation in Christian worship.

> This Christian identity, as the baptismal embrace which the Father gave us when we were little ones, makes us desire, as prodigal children—and favourite children in Mary—yet another embrace, that of the merciful Father who awaits us in glory. Helping our people to feel that they live in the midst of these two embraces is the difficult but beautiful task of one who preaches the Gospel (*EG,* 144).

8. Dignity Nourished in the Sunday Eucharistic Action

Following upon the beautiful understanding of baptismal dignity and responsibility, we may rightly turn to a healthy understanding of the Sunday gathering of the baptized, the assembling of all who enjoy that dignity of membership in the body of Christ. As Blessed John Paul II stated so eloquently in his *Apostolic Letter On Keeping the Lord's Day Holy, (Dies Domini* promulgated in May 1998):

> Since the Eucharist is the very heart of Sunday, it is clear why, from the earliest centuries, the Pastors of the Church

have not ceased to remind the faithful of the need to take part in the liturgical assembly. "Leave everything on the Lord's Day," urges the third century text known as the *Didascalia*, "and run diligently to your assembly, because it is your praise of God. Otherwise, what excuse will they make to God, those who do not come together on the Lord's Day to hear the word of life and feed on the divine nourishment which lasts forever." (*DD, 46*)

And further, in the same document, we read,

> Today, as in the heroic times of the beginning, many who wish to live in accord with the demands of their faith are being faced with difficult situations in various parts of the world. They live in surroundings which are sometimes decidedly hostile and at other times—more frequently in fact—indifferent and unresponsive to the Gospel message. If believers are not to be overwhelmed, they must be able to count on the support of the Christian community. This is why they must be convinced that it is crucially important for the life of faith that they should come together with others on Sundays to celebrate the Passover of the Lord in the sacrament of the New Covenant. (*DD, 48*)

Obviously, then, the baptized—young, old, and in between—belong together on the Lord's day, not only because of the church's legitimate obligation, but also out of a revered tradition of desiring and needing to give thanks to God together. From Pope Benedict's *Message for the Twenty-Seventh World Youth Day 2012,* he exhorted his brothers and sisters in these simple words:

> Each Sunday at Mass the Christian community celebrates the central mystery of salvation, which is the death and resurrection of Christ. This is a very important moment for all the Lord's disciples because his sacrifice of love is made present. Sunday is the day when we meet the risen Christ, listen to his word, and are nourished by his body and blood. (3)

These few paragraphs have quickly detailed the reasons for *all Christians* to take part in Sunday worship. But what is particular about youth and liturgy?

9. Part of the Sunday Community: Young People with Particular Gifts and Needs

Some parishes pray a blessing of pilgrims before their young brothers and sisters depart for their mission trip or catechetical workshop.

Some parishes involve younger choir members in introducing more contemporary music to the congregation at various Sunday liturgies.

In some places, young people take active roles in serving as instrumental or vocal musicians, liturgical planners or masters of ceremonies, servers, ushers, greeters, extraordinary ministers of Holy Communion (per diocesan guidelines), and lectors.

Sunday homilies might regularly be crafted to include and involve the imagination of the young members of the church.

An excellent starting point to understand the value and crucial role that youth ministry plays in the life of the church is the 1997 USCCB document, *Renewing the Vision: A Framework for Catholic Youth Ministry (RTV)*. While *RTV* clearly does not override the *General Instruction of the Roman Missal* or any other liturgical norms, the documents of the liturgy and the wisdom of youth ministry become exceedingly important conversation partners if we intend to celebrate Sunday Mass in ways that include young people instead of alienating them, that engage adolescents instead of lulling them into boredom, that challenge and affirm adolescents instead of ignoring their presence in the Sunday assembly.

10. The Church's Call to Serve Young People

The general principles of youth ministry specified in *Renewing the Vision* make it a sturdy and proven backdrop for the current topic. Further, the introduction to *RTV* reminds us of the words of Blessed John Paul II at his homily at Cherry Creek State Park during the 1993 World Youth Day,

> At this stage of history, the liberating message of the Gospel of life has been put into your hands. And the mission of proclaiming it to the ends of the earth is now passing to your generation, the young Church. We pray with the whole Church that we can meet the challenge of providing 'coming generations with reasons for living and hoping. (*Gaudium et Spes, DD* 31), (*RTV* 2)

Furthermore, eight components of comprehensive youth ministry are described in detail: the ministry of advocacy, catechesis, community life, evangelization, justice and service, leadership development, pastoral care, and prayer and worship. While each is important, the last of these addresses most directly the task presently at hand.

11. Serving Young People in the Ministry of Prayer and Worship

The ministry of prayer and worship, which is not merely an option to be entertained by youth ministry leaders, liturgists and pastors, but an *essential part* of comprehensive youth ministry (and the life of the church), *celebrates* and *deepens* the relationship young people have with Jesus Christ, awakens the awareness they have of the work of the spirit in their lives, *incorporates* young people into the whole sacramental life of the church, especially Eucharist, *nurtures* personal prayer, and *fosters* family prayer as well (*RTV,* 44). This is no small task.

RTV goes on to detail the dimensions of this ministry by saying specifically that it:

- promotes the authentic participation of youth in liturgy;
- attends to the diversity of cultures and ages in the assembly;
- provides opportunities for creative prayer with adolescents in peer, family, and intergenerational settings;
- promotes effective preaching of the word;
- allows music and song to express the vitality of young people;
- prepares the symbols and ritual actions with particular care for their visual dimensions;
- develops the interpersonal and communal dimensions of the liturgy;
- provides adolescents with effective and intentional catechesis for liturgy, worship, and sacraments; and
- apprentices adolescents in liturgical ministries (see *RTV,* 46-49)

12. Young Catholics and Sunday Worship

A fully Christian life is inconceivable without participation in the liturgical services in which the faithful, gathered into a single assembly, celebrate the paschal mystery (*DMC,* 8).

Clearly, then, the *need* for careful attention to the part youth play in the Sunday Eucharist is of great importance, not only for the future, as important as that is, but for the present as well, in order that the church might be more herself. Every Sunday eucharistic celebration must strive to welcome people of every race, language, age, and perspective. "A fully Christian life is inconceivable without participation in the liturgical services in which the faithful, gathered into a single assembly, celebrate the paschal mystery" (*DMC,* 8). We cannot expect any Christian, young or old, to understand personal identity divorced from Sunday worship. We have no reason to presume that strongly committed Catholics who are present for Sunday Mass will make the connection to a vocation of social justice unless that call is made explicit. We cannot reasonably hope

for the Gospel to be proclaimed from the housetops if it is not heard clearly in churches on the day of the Lord.

Assisting the church's ministers and all the faithful in carrying out this work of Sunday worship are such structures as the liturgical year and the integral employment of symbol and ritual to reach the hearts and imaginations of faithful people young and old. The liturgical year, with its celebrations and seasons founded on Sunday as its center, challenges the faithful to engage themselves with the saving mystery of Christ's living and suffering, dying and rising.

> For people are instructed in the truths of faith, and brought to appreciate the inner joys of religion far more effectually by the annual celebration of our sacred mysteries than by any official pronouncement of the teaching of the Church. Such pronouncements usually reach only a few and the more learned among the faithful; feasts reach them all; the former speak but once, the latter speak every year—in fact, forever. The Church's teaching affects the mind primarily; her feasts affect both mind and heart, and have a salutary effect upon the whole of man's nature. Man is composed of body and soul, and he needs these external festivities so that the sacred rites, in all their beauty and variety, may stimulate him to drink more deeply of the fountain of God's teaching, that he may make it a part of himself, and use it with profit for his spiritual life. (*QP,* 21)

At the same time, ritual and its involvement of symbol play a pivotal role in the church's liturgy. As Pope Pius X reminded the church when urging fuller participation in the liturgy by receiving Holy Communion more frequently, "The will of God in this respect was well understood by the first Christians; and they daily hastened to this Table of life and strength. They continued steadfastly in the teaching of the apostles and in the communion of the breaking of the bread" (*ST,* introduction). From the first days after Pentecost, ritual has shaped the church. Then again, "Holy Mother Church has therefore always been the friend of the fine arts and has ever sought their noble help, with the special aim that all things set apart for use in divine worship should be truly worthy, becoming, and beautiful, signs and symbols of the supernatural world, and for this purpose she has trained artists" (*SC,* 122). While sign and symbol in artistic rendering is of great importance in the celebration of the liturgy, the more primary symbols—bread, wine, water, oil, fire, and flesh—must be incorporated, laid open, and revered in the regular Sunday worship of any community. The Sunday worship where these symbols are hobbled by minimalism or neglect will certainly be a community of faith longing for fuller, more conscious, more active participation in its work and blessing. For young people, the symbols and rituals of the liturgy will become more profound

> when they draw from their experiences of private prayer. Likewise, private prayer is revitalized by meaningful experiences of the liturgy. Ministry with adolescents also promotes opportunities for communal prayer. The liturgy of the hours, liturgies of reconciliation and healing, ethnic rituals and celebrations, and other ritual devotions allow for creativity and adaptation to the life issues and cultural expressions of young people. (*RTV*, 45)

13. Hospitality as a Foundation Stone for Vibrant Ministry

> It must be noted that in our current U.S. Catholic culture there is a significant lack of weekly participation in the Sunday Eucharist. "In addition . . . . there is an erosion of Sunday as the Lord's Day dedicated to prayer and rest. The reasons that Catholics cite for missing Mass can be met and overcome by parishes that foster a welcoming environment for adolescents, young adults, singles, married couples, parents, families, the sick or disabled, and anyone who is no longer active in the faith. The means for fostering a welcoming environment is the New Evangelization. The New Evangelization places a special emphasis on welcoming back to the Lord's Table all those who are absent, because they are greatly missed and needed to build up the Body of Christ." (*DCW*, 3)

St. Benedict says in his *Rule* for monks (wisdom that extends beyond the cloister of a monastery, but to the open heart of any Christian) that guests are to be received as Christ Himself (The Rule of Benedict, chap. 53). Even the stranger is an occasion of grace for the seeker of divine presence. All the more, then, brothers and sisters of the Lord must recognize in one another the One whose sacrifice and grace unites them. More practically, the question must be asked: how are young people welcomed into the very community in which they form a vital core of energy and hope? In other words, what do church leaders do and say, particularly and concretely, that expresses a warm welcome to a rightful place that youth have not only in the church and in programs and activities especially for them, but also in the regular Sunday liturgy of the local church, the font and summit of the church's life? To press the question even more: how are young people encouraged to help provide the welcome to visitors and strangers, how are they equipped for the work of evangelization that belongs to all the baptized, but most certainly to those confirmed as well? Without some security in their own church home, such significant involvement of young people is not only uncomfortable, but unlikely (NFCYM, 2012).

Is there commitment to young members of the church on the part of the pastor or other pastoral leader? Is there openness to the presence and inclusion of youth in liturgical roles on the part of liturgical planners? Is there hospitality shown to those youth confident enough to step forward for roles of liturgical ministry in their parish or high school? And what active steps are in place to prepare young people for these roles? Are young people schooled in the art of hospitality by the very atmosphere in which they worship? Are the young welcomed into the church's vital work of evangelization? Do these hope-filled young people know their rightful voice, not only in youth councils and committee meetings, but on parish councils and at Sunday Mass as well? These are some simple questions of hospitality that also form a key basis for building up participation in the liturgy and life of the church.

Taking as our model the genuine openness to the coming of the Lord in the Gospel narrative of the Blessed Virgin Mary's visit to her cousin Elizabeth after the Annunciation (Luke 1:39-56), and considering the prophetic role that young people in the church so legitimately play (see *Renewing the Vision*, "The Ministry of Evangelization;" Pope Benedict XVI's *Message for the Twenty-Seventh World Youth Day, 2012*, no. 7; and *From Age to Age*, no. 30.), pastors and liturgical leaders show great wisdom in involving the young in the planning and celebration of the liturgy of the church.

Liturgical Preparation

Ideas for Effective Liturgical Preparation with Youth

- Create a youth liturgy planning team, composed of a diverse group of parish youth, meeting monthly to plan liturgies.
- Make available youth music opportunities such as a choir for elementary school students, youth ensembles, and instrumentalists.
- More effective preaching can result when young people are involved in conversation about the Scriptures along with the preacher before the homily is crafted.
- How are liturgical readings and prayers incorporated into religious education and faith sharing among youth the week before they are proclaimed at Sunday Mass?
- Once a young person has been trained for liturgical ministry, how is that person welcomed into ministry at the liturgy? Commissioning or blessed with the church's rites? Acknowledgment by name?

History and Theology

14. The Proven Value of a Mystagogical Method

From the time of the fourth century, great pastors have carefully prepared those interested in initiation into the body of Christ through the Easter sacraments, by preaching catechetically in ways that captured the imagination of and provided motivation for conversion in the lives of the seekers. Frequently, these catechetical lessons engaged the listener first on the level of personal experience: turning away from sin, rejecting a life of vice, embracing the faith of the church. Instead of uncontextualized principles and prescriptions, these preachers spoke to people with real lives who had real questions and wanted real answers, so similar to the people of our own day. For example, in his first catechetical lecture, St. Cyril of Jerusalem asserts:

> If any here is a slave of sin, let him promptly prepare himself through faith for the new birth into freedom and adoption; and having put off the miserable bondage of his sins, and taken on him the most blessed bondage of the Lord, so may he be counted worthy to inherit the kingdom of heaven. (Cyril of Jerusalem, 2)

The starting point for effective preaching was the lives of the listeners.

15. Mystagogical Principles in Contemporary Language

Declared in the recently-issued statement of the U.S. bishops on preaching, we see another approach:

> We should also note that the preaching of a homily, since it occurs in the context of the Church's liturgy, is by definition a profound ecclesial act, one that should be in evident communion with the Church's Magisterium and with the consciousness that one stands in the midst of a community of faith. The homily is not an isolated example of biblical interpretation or a purely academic exercise. It is directed *from* faith, that of the Church and of the ordained minister who preaches in the name of Christ and his Church, *to* faith—that is, the faith of the Christian community gathered in a spirit of prayer and praise in the presence of the Risen Christ... [The homily] is a sacred ecclesial act meant to lead from the biblical word to the eucharistic action and thereby to nourish faith and build up the Body of Christ gathered in prayer. This ecclesial sensitivity in liturgical preaching was a hallmark of the Church Fathers, many of whose extant writings are in fact the record of their preaching. Fidelity to the Church's Magisterium does not mean, however, that the homily should be an abstract affirmation of doctrine. The purpose and spirit of the homily is to inspire and move those who hear it, to enable them to understand in heart and mind what the mysteries of our redemption mean for our lives and how they might call us to repentance and change. (*PMF,* 30)

The bishops' earlier statement on preaching reminds preachers that they need to know their congregation: "Unless a preacher knows what a congregation needs, wants, or is able to hear, there is every possibility that the message offered in the homily will not meet the needs of the people who hear it" (*FYH,* 4).

While these passages inform the question of preaching to assemblies that include youth, they also clearly manifest a fundamental and central understanding of liturgical catechesis and preparation: the starting point is the capacity, the language, and the context of the assembly, informed by the tradition, the Scripture and the other liturgical texts assigned for a given day. Again, not to ignore the speaker or the content, the purpose here is to insure that the great bridge of language must have a firm footing on both sides of the stream. Preparing people for liturgical participation requires this attention to them. At the same time, genuine and effective liturgical catechesis does not only begin in the high school year or for adults. People of every age have the right and obligation to participate fully and consciously and actively. Therefore, the church's ministers, along with parents, leaders, catechists, and believers of every sort must be attentive to that right and obligation. For, ". . . it is the responsibility of both pastors and laity to ensure that those doors are always open." . . . It is in the parish that one becomes engaged with the church community, learns how to become a disciple of Christ, is nurtured by Scripture, is nourished by the sacraments, and ultimately becomes an evangelizer. Successful evangelization and catechetical initiatives must be focused on the parish and parish life. The parish is where the faith is passed down, lived, and sustained for all members of the body of Christ, most especially for those members seeking to return. 'It is the responsibility of the parish community and its leadership to ensure that the faith it teaches, preaches, and celebrates is alive and that it is a true sign, for all who come in contact with it, that this truly is the living Body of Christ' (*DCW*, 12).

16. The Old and the New Together

Combining the two models, attending to experience from the ancient catechumenate, and attending to the capacities of the assembly from the document on preaching, we might rightly conclude that the mystagogical method, both ancient and new, informs that experience with the church's tradition and the Scriptures to effect a new, more faithful response to life. In other words, the method of liturgical preparation (or liturgical catechesis or mystagogy) suggested here involves the relationship of *Scripture* and *tradition* with *experience* for the sake of *conversion*. And among those baptized, and especially those confirmed, that conversion results in action, in *mission*, in evangelization (see *CT*, 22).

17. Founded on the Unity of the Entire Church

Pope Benedict XVI also addresses the need for careful preparation for sacramental celebration. In *Sacramentum Caritatis,* he identifies the divine Trinity as the first element of eucharistic faith, reminding every believer that Jesus did not give us a "thing," but himself, his own body and blood, in relationship (7). How often we hear of the desire of the young for acceptance, love, and relationship. Further, Pope Benedict recalls that the institution of the Holy Eucharist took place within a ritual meal commemorating the foundational event of the people of Israel: their deliverance from slavery in Egypt (10). Would not people of all ages welcome again the message of freedom from the slavery they know in addiction or fear or abuse or apathy? Finally, "the oneness and indivisibility of the eucharistic body of the Lord implies the oneness of his mystical body, which is the one and indivisible Church" (15).

Practice in Ministry

18. Trusting the Expertise of the Young

Involving youth in liturgical preparation is surely commonplace in some areas, especially where a separate so-called "youth Mass" is celebrated. However, would it not be beneficial and respectful if every parish liturgical commission included young people whose desires and opinions could be expressed, in order to make every Sunday Eucharist in their parishes more accessible and applicable to them? Sometimes, youth show interest in the liturgy of the hours once they have been exposed to it. Whether required for school or religious education, by parents or confirmation catechists, service hours can often translate into a well-developed servant's heart in young parishioners. When well-prepared and well-disposed, the sacrament of penance, too, can become a life-changing, rewarding, faith-filled experience for youth. So often, young people are particularly attracted to pious exercises that touch their hearts and invigorate their faith.

One might easily witness any number of examples of this at events such as the National Catholic Youth Conference. If this is all so, then we would do well to examine the syntax of these experiences, the context for these encounters with grace, using that same "language" to attract and involve not only youth, but their parents and grandparents too.

Furthermore, gaining the perspective of the young is crucial. This applies to the liturgy more generally, but here to the choosing and praying of liturgical music.

When a Liturgy or music committee is chosen to prepare music for the Liturgy, it should include persons with

the knowledge and artistic skills needed in celebration: men and women trained in Catholic theology, Liturgy, and liturgical music and familiar with current resources in these areas. It is always good to include as consultants some members of the worshiping assembly so that their perspective is represented. (*STL,* 21)

> Even if it is not always easy to approach young people, progress has been made in two areas: the awareness that the entire community is called to evangelize and educate the young, and the urgent need for the young to exercise greater leadership (*EG,* 106).

19. Confidence for Ministry and Leadership

Psalm 43 expresses the basic human desire for praising God. "Send your light and your fidelity, that they may be my guide; Let them bring me to your holy mountain, to the place of your dwelling, that I may come to the altar of God, to God, my joy, my delight. Then I will praise you with the harp, O God, my God" (Psalm 43:3-4, NAB). God sends the confidence the downcast soul needs to make the way to the place of God's dwelling. Perhaps there is little more important in liturgical preparation for youth than helping them have the trust in their community and the confidence in themselves to carry out what they find important to the glory of God. When preparing young people for sacramental celebrations, whether for their strengthening the gifts of the Holy Spirit in confirmation or carrying out some ministry within the eucharistic celebration, sufficient formation, both theological and practical, is not only possible, but necessary. God's light and fidelity, but also their own assurance that they are able to do what is asked of them, these lead all believers to a renewed ability to serve in the presence of the Lord. At the same time, the entire parish could certainly benefit from allowing young people to take part in the work overseen by those who prepare and lead liturgy.

Sometimes, a parish may not be well-equipped to offer the type of catechesis that instills this confidence for ministry. Over the past many years, numerous programs, typically offered in the summer, have arisen to assist in this catechetical work. Parish leaders might do well to encourage youth to take part in such offerings, perhaps even assisting them financially to attend, while also expecting some active leadership upon their return.

20. Respecting the Gifts of the Willing

As with all people, the young can sometimes be attracted to particular service for a variety of reasons. Helping those who are willing to serve in the liturgy recognizes the gifts and charisms that have been given them and, perhaps equally important, which gifts are not theirs in abundance, is a difficult but important task. As Saint Benedict says clearly in his Rule, "No one shall presume to sing or read unless he can fulfill that office in such a way as to edify the hearers" (The Rule of Benedict, chap. 47). Every principle of good liturgy applies to liturgy with youth; special attention to their presence in the assembly, the language that they speak, the music that stirs their hearts, the visual arts that stimulate their imaginations—these are the primary elements of good liturgical preparation with young people.

21. Special Circumstances

Liturgical celebrations, especially Mass, with vast numbers of participants, bring forward any number of challenges to the work of preparing for liturgy. Particularly in national, regional, and diocesan liturgies where youth are to be involved in various ministries or among the rest of the liturgical gathering, fidelity to liturgical law and its pastoral application, is of great importance. This same fidelity is no less important, though, in the daily or weekly celebrations of the liturgy (Mass, penance, liturgy of the hours, eucharistic exposition, etc.) that take place in parishes and schools. Obviously, solid liturgical practice must be the aim of those planning any such celebrations. There is certainly no more effective catechist of the liturgy than the liturgical rites celebrated well. And so again, attention must be paid to hearing the wisdom of the young in planning, while also more immediately building confidence in capable ministers for the liturgy itself.

22. Liturgical Preparation Sets the Tone

It would be difficult to overestimate the place that liturgical preparation (or its absence) plays in the sacramental life of the church. This pivotal need for carefully prepared liturgy, based squarely on the scriptural readings and the prayers of the day, is nothing new in the Catholic Church. Articulated a half century ago, the point is clear and compelling:

But in order that the liturgy may be able to produce its full effects, it is necessary that the faithful come to it with proper dispositions, that their minds should be attuned to their voices, and that they should cooperate with divine grace lest they receive it in vain. Pastors of souls must therefore realize that, when the liturgy is celebrated, something more is required than the mere observation of the laws governing valid and licit celebration; it is their duty also to ensure that the faithful take part fully aware of what they are doing, actively engaged in the rite, and enriched by its effects. (SC, 11)

Presuming that all the responsibility for proper dispositions falls on the faithful themselves would be negligent ministry on the part of priests and other liturgical leaders. The "something more" that is required might rightly include the hard and demanding work of including young people in preparing liturgies that produce full effects for the whole church.

23. Active Participation: A Few of the Sources

"Mother Church earnestly desires that all the faithful should be led to that fully conscious, and active participation in liturgical celebrations which is demanded by the very nature of the liturgy. Such participation by the Christian people as 'a chosen race, a royal priesthood, a holy nation, a redeemed people,' is their right and duty by reason of their baptism." (SC, 14)

Liturgical Participation

Youth can rightly and effectively participate in various liturgical ministries (greeters, ushers, lectors, extraordinary ministers of Holy Communion, sacristan, ministry coordinator, and trainers). Keep in mind:

- Scheduling can be tricky with young people. Asking them their preference for a particular Mass or dates may be more work than the scheduler is used to; it also opens the door for young people whose schedules tend to be fairly erratic.

- A wide variety of musical styles more likely appeals to youth rather than always choosing the most popular praise music.

- Catechesis on the connection between private devotion and personal prayer with the communal worship the church celebrates would help young members of the church understand that intimate connection. For instance, catechesis on the connection between the celebration of Mass and the exposition of the Holy Eucharist outside Mass would be valuable in places where youth are likely to encounter this.

- The liturgical texts the church provides may be challenging to the mind of someone in high school. Effective preparation for the praying of those texts and *lectio divina* or theological reflection on those common texts of the liturgy can prove to be invaluable.

- Practical preparation *before* the liturgy can help enhance participation, as well as active reflection *after* the celebration.

This passage from the *Constitution on the Sacred Liturgy* from the Second Vatican Council may be the most quoted line from all its several documents. It is clearly related to a well-rehearsed line of Pope Pius XII on the use of hymns to keep "the faithful from attending the Holy Sacrifice like dumb and idle spectators" (*MS,* 64). And Pope Pius XII was borrowing at least in concept from his predecessor, Pope Pius X, when in his 1903 *Motu Proprio Tra le sollecitudini,* he exhorted,

> "Filled as We are with a most ardent desire to see the true Christian spirit flourish in every respect and be preserved by all the faithful, We deem it necessary to provide before anything else for the sanctity and dignity of the temple, in which the faithful assemble for no other object than that of acquiring this spirit from its foremost and indispensable font, which is the active participation in the most holy mysteries and in the public and solemn prayer of the Church."

For well more than a century, the people of God have been pressed to take an active role in the liturgical work of the church. And still, one might appropriately ask how far we have come.

24. Right and Duty

Drawing from the summit of the church's activity, then, the faithful are not only duty-bound but have a right to participate actively in the liturgical life of the church. Stemming from the dignity and needs of the human person and of the baptized, in particular, this language is strong, demanding, and clear. Active participation in the liturgy is certainly not a luxury for the educated or a prize for the pious, but the right of every baptized member of the royal priesthood of Jesus Christ. If this statement is true in the universal, as it seems to be from the work of an Ecumenical Council, then it must logically be true in the particular, for every group and every person in the church, including youth.

25. Active Participation and the Art of Celebration

At times, the idea has emerged that active participation by the faithful in the liturgy and the true art of celebration according to the Roman tradition are at odds. Pope Benedict addresses this directly: "In the course of the Synod, there was frequent insistence on the need to avoid any antithesis between the *ars celebrandi,* the art of proper celebration, and the full, active and fruitful participation of all the faithful. The primary way to foster the participation of the People of God in the sacred rite is the proper celebration of the rite itself" (*Sac Car*, 38). Clearly, then, this art of proper celebration cannot authentically inhibit the active participation of God's pilgrim people. Perhaps nowhere is this more necessary to understand

than in liturgy with youth. Here, there must be openness to and genuine hospitality for the various *legitimate* expressions of liturgical piety and reverence that the young might express. For example, music found in hymnals that contain ecclesiastical approbation (the approval of the bishop of the diocese where the hymnal is published) is music that might rightly be admitted to the liturgy, not just with youth, but with the entire Sunday assembly as well.

26. The Eucharist: A Mystery to Be Celebrated

As we have seen, the Eucharist is a mystery to be believed. In preparation for the celebration of the liturgy of the church, we do well to understand that mystery insofar as each is able. But belief is further explained, enhanced, and even sometimes challenged when the liturgy is celebrated well, too. So often throughout life, mystery is more likely to be *avoided* than believed or celebrated. For example, one might indicate, what I do not understand, I often choose to ignore. But for the Catholic believer, believing and celebrating are normative responses to the mystery of God and God's love.

> The Eucharist, although it is the fullness of sacramental life, is not a prize for the perfect but a powerful medicine and nourishment for the weak (*EG, 47*).

This celebration of the liturgical rites of the church happens most authentically when the rituals promulgated by appropriate authority are used for the well-being and nourishment of the people of God. At the same time, though, "everything related to the Eucharist should be marked by

beauty" (*Sac Car,* 41). But beauty is said to rest in the eye of the beholder. If so, do our Roman Catholic liturgies not require a certain breadth of beauty in celebration in order to appeal most broadly to our diverse communities? The U.S. bishops in their most recent document on liturgical music, *Sing to the Lord,* speak directly to this challenge:

> As dioceses, parishes, and neighborhoods become increasingly diverse, the different cultural groups strive for some expression of unity. In a spirit of hospitality, local worshiping communities are encouraged to develop bicultural or multicultural celebrations from time to time that reflect the changing face of the church in America. When prepared with an attitude of mutual reciprocity, local communities might eventually expand from those celebrations that merely highlight their multicultural differences to celebrations that better reflect the intercultural relationships of the assembly and the unity that is shared in Christ. Likewise, the valuable musical gifts of the diverse cultural and ethnic communities should enrich the whole church in the United States by contributing to the repertory of liturgical song and to the growing richness of Christian faith. (*STL,* 59)

In our eucharistic (and other liturgical) celebrations, then, diversity can neither be ignored nor enshrined, but must be seen as an integral part of the personality of the worshiping community, as appreciation for diversity yields unity instead of division. How simple it is to adapt this principle beyond ethnicity to the diversity of ages in our parish and school communities? And how necessary to see that the personal preference of priest or planner is insufficient rationale for the choice of liturgical texts (see *GIRM,* 42 and 352).

27. Active Participation: The Music of Christian Hearts

To address the question of liturgical music and youth participation is a tricky endeavor. Many would equate a more contemporary, almost rock-and-roll style of melody and

> When youth liturgical ministers are involved in a regularly-scheduled Sunday Mass, they not only assist the broader parish with learning new music, but themselves become familiar with the music that is standard in other Sunday Masses (e.g., O Come, O Come Emmanuel, Ye Sons and Daughters, etc.). Many opportunities exist for this mutual enrichment.

instrumentation with the taste of young Christians, and to some extent, rightly so. But anyone who regularly works with youth knows the diversity of their musical taste in the liturgy, including enthusiasm for hymnody and chant that make up a more classical repertoire of liturgical music. Wisdom on this diversity of styles can be found in *Sing to the Lord:*

A variety of musical styles is recommended at school Liturgies, while care should be taken to include selections from the repertoire typically sung by the wider Church at Sunday Liturgies. In this way, students will be introduced to music they will sing throughout their life, and they will be better prepared for their eventual role as adult members of the worshiping assembly. (*STL,* 55)

How have we encouraged this diversity of styles? How have we encouraged chant to have pride of place (*SC,* 116 and *STL,* 72, 73)? How have we integrated more contemporary pieces of liturgical music with hymns and songs of the tradition? At the same time, it is also important to remember that a broad range of liturgical music is permitted, even encouraged, by the official text already quoted and a clear method of judgment for liturgical music has been in place for decades.

> In judging the appropriateness of music for the liturgy, one will examine its liturgical, pastoral, and musical qualities. Ultimately, however, these three judgments are but aspects of one evaluation, which answers the question: "Is this particular piece of music appropriate for this use in the particular Liturgy?" All three judgments must be considered together, and no individual judgment can be applied in isolation from the other two. This evaluation requires cooperation, consultation, collaboration, and mutual respect among those who are skilled in any of the three judgments, be they pastors, musicians, liturgists, or planners. (*STL,* 126)

With this careful judgment in place, consideration of the particulars of every liturgy is necessary. The presence of young believers at Sunday Mass (and other liturgical celebrations) would suggest a clear need for this judgment to be comprehensive in scope.

The genius of a local people and the various instruments, forms and melodies of music available are permissible, as long as they are suitable for sacred use, dignified, and uplifting to the faithful (see *IRL,* 40).

28. A Variety of Styles and Sounds

Not uncommonly, at "youth Masses," middle-aged and even senior adults take part, precisely because of their own appreciation of the music that is used. This anecdotal data supports the view that contemporary music finds a happy home in the regular repertoire of the Sunday Eucharist among many. Some would argue, "Young people say that much of today's liturgical music does not captivate their hearts or ears. They respond as much to the way the music is performed and styled as they do to the actual melodies and texts. When music is played with enthusiasm, a variety of instrumentation, and an upbeat pace, they are more likely to participate" (*FAA,* 67). Might this claim be made for many besides the young who gather at the altar of the Lord for Sunday Mass? Would not the inclusion of well-played and well-sung contemporary liturgical music, alongside more classical styles, be a welcome element for most parish communities? This would express hospitality, and the welcome inclusion of all generations on the Lord's day at his lavish banquet.

> In some parishes, these styles of prayer beyond the Mass have been well-received: Liturgy of the Hours, Eucharistic Exposition, Lectio Divina, the Chaplet of Divine Mercy, and/or Taize prayer.

At the same time, objections arise that sacred music has a limited scope of sound and style. This does not seem to square with the principle from *Constitution on the Sacred Liturgy* expressed here:

> Even in the liturgy, the Church has no wish to impose a rigid uniformity in matters which do not implicate the faith or the good of the whole community; rather does she respect and foster the genius and talents of the various races and peoples. Anything in these peoples' way of life which is not indissolubly bound up with superstition and error she studies with sympathy and, if possible, preserves intact. Sometimes in fact she admits such things into the liturgy itself, so long as they harmonize with its true and authentic spirit. (*SC,* 37)

Could it not be argued reasonably that some of the styles and sounds of contemporary liturgical music do, in fact, respect and foster the genius and talents of the musical tradition of this country? If so, as long as they are neither superstitious nor opposed to Christian belief, then they are rightly admitted to the liturgy, consistent as they are with the spirit of the liturgy.

29. Music as the Vehicle for Establishing "One Voice" in the Liturgy

Sometimes, music might become the precise vehicle for individuality to thrive, individuality that borders on the individualism that undermines the Roman liturgy. Yet, at its best, in text, melody, and execution, the music of the Roman rite ought to bring about a clearer unity among the people of God and should be well integrated into the overall celebration. "Because the gathered liturgical assembly forms one body, each of its members must shun 'any appearance of individualism or division, keeping before their eyes that they have only one Father in heaven and accordingly are all brothers and sisters to each other'" (*STL,* 25). Consequently, special solos that detract from communal worship, erratic methods of vocal production more proper to the stage than the sanctuary, lyrics that overemphasize the individual relationship with God to the detriment of the important Catholic vision of properly *communal* worship, and volumes that offend the sensitivities of those with normal hearing are all missteps to be avoided. Particularly, when the assembly is singing together, the cantor's voice should not normally be heard, in order that the unity of voice within the liturgical assembly can be fostered and appreciated. Additionally, does not that one voice formed

and raised in the liturgy continue to ring out in the hearts and mouths and minds of believers long after the liturgy is celebrated? Here, the relationship of the unified voice of the liturgy and the individual voice of personal prayer coincide happily for good.

30. Preaching to the Ears of a Young Heart

Just as music rather easily "makes or breaks" the active, conscious, and full participation of youth in the liturgy (and every other generation as well), preaching can ever so quickly have the same impact. It seems true that many clergy—priests and deacons—are nervous or wary or intimidated by preaching to an assembly that is primarily constituted by young people. At times, it may even appear that ignoring segments of the population in the pews is the desirable response to the uncertainty of preaching for the entire congregation. And yet, Jesus' command was absolutely clear: "Go, therefore, and make disciples of *all nations,* baptizing them in the name of the Father, and of the Son, and of the holy Spirit, teaching them to observe all that I have commanded you" (Matthew 28:19-20a). But preaching to such diverse people is bound to be difficult.

Again, this challenge of diversity is addressed directly and clearly by the bishops in *Fulfilled in Your Hearing:*

> The Eucharistic assembly that gathers Sunday after Sunday is a rich and complex phenomenon. Even in parishes that are more or less uniform in ethnic, social, or economic background, there is great diversity: men and women, old and young, the successes and the failures, the joyful and the bereaved, the fervent and the halfhearted, the strong and the weak. Such diversity is a constant challenge to the preacher, for our words can all too easily be heard as excluding one or the other segment of the congregation. (*FYH,* 5)

It is worthy remembering that 'the liturgical proclamation of the word of God, especially in the eucharistic assembly, is not so much a time for meditation and catechesis as a dialogue between God and his people, a dialogue in which the great deeds of salvation are proclaimed and the demands of the covenant are continually restated' [*DD,* 41] (*EG,* 137).

31. Improving Homilies

Even as the teaching of homiletics in seminaries and deacon formation programs has gotten increasingly more demanding, so Pope Benedict demands that "the quality of homilies needs to be improved" (*Sac Car,* 46). Occasionally, the preparation for a good homily becomes the sermon itself: an exclusively exegetical exercise that goes no distance in applying the Word of God to the lived experience of contemporary Catholics. The homily, "an integral part of the liturgical action," is meant to be a "living commentary" on God's word addressed to all people of every era (*GIRM,* 29).

Again, further on, another challenge is offered to preachers: "I ask these ministers to preach in such a way that the homily closely relates the proclamation of the word of God to the sacramental celebration and the life of the community, so that the word of God truly becomes the Church's vital nourishment and support"(*Sac Car,* 46). The entire world would benefit from homilies preached in Catholic Churches that assisted the faithful in living what they have encountered in the Word of God proclaimed for their nourishment. Although the inclusion of elements of popular culture that

would be known to many youth might entice some to listen more intently, it might just as easily distract or exclude others. The greatest challenge for the preacher may very well be carrying out the Lord's command to all nations.

32. Not Only Liturgy *for* Youth, but *with* Youth

The preceding paragraphs on preaching might give the impression that the primary message is that liturgy *for* youth needs to be improved. But another topic must rightly be addressed: liturgy *with* and *by* youth. Obviously, the ministry of the ordained at the eucharistic celebration cannot be carried out by youth. Nonetheless, many of the liturgical ministries properly understood and with careful preparation could be effectively taken up by young people, and not only in "youth Masses" or school Masses. Specifically, once a young person is confirmed, one might rightly presume that some ministry in parish or school communities (or both) would be a logical, expected outcome. After all,

> Through the sacrament of confirmation those who have been born anew in baptism receive the inexpressible Gift, the Holy Spirit himself, by whom "they are endowed . . . with special strength." Moreover, having been signed with the character of this sacrament, they are "more closely bound to the Church" and "they are more strictly obliged to spread and defend the faith, both by word and by deed, as true witnesses of Christ." (*DCN*)

Would service within the liturgical assembly not be a viable and admirable method of spreading the faith by deed as a true witness of Christ?

Within the eucharistic liturgy, imagine the impact of incorporating young people, especially those who have celebrated the sacrament of confirmation, in roles such as reader, sacristan, cantor, musician, extraordinary minister of Holy Communion. Exercising these liturgical ministries provides a strong and vibrant witness to the faith, not only among their peers but for the good of all. We must respect the abilities and capacities of our young, committed Catholics in their ability and desire to take part as genuine *leaders* in the liturgical life of the church.

33. The Call to Ministry

To restrict in any needless way the ministry of all people, especially the appropriate assistance in the liturgical life of the church, seems short-sighted and unnecessarily protective. The young members of the church can be most effective at offering liturgical service, along with other rich and diverse contributions to the church's mission. As Blessed John Paul II said:

> The unity of the Church is not uniformity, but an organic blending of legitimate diversities. It is the reality of many members joined in a single body, the one Body of Christ. Therefore the Church of the Third Millennium will need to encourage all the baptized and confirmed to be aware of their active responsibility in the Church's life. Together with the ordained ministry, other ministries, whether formally instituted or simply recognized, can flourish for the good of the whole community, sustaining it in all its many needs: from catechesis to liturgy, from education of the young to the widest array of charitable works. (*NMI*, 46)

Could not the opportunity to take small steps into liturgical assistance result in a more attentive discernment of authentic vocations among the young people of faith? If so, respecting in every case those offices and functions reserved to particular ordained ministers, opening the opportunity for this type of service seems prudent and well-placed. As young people are being immediately prepared for the sacrament of confirmation, they may be told by the bishop in the instruction from the *Rite of Confirmation:* "Be active members of the Church, alive in Jesus Christ. Under the guidance of the Holy Spirit give your lives completely in the service of all, as did Christ, who came not to be served but to serve" (22).

34. A Generation of Trained Servants

Liturgical Living

- How does liturgical ministry prepare them for more active participation in the church once they graduate and go to college?
- How does liturgical ministry train them in active participation in the social ministry of the church?

Many might believe that good liturgical preparation and meaningful, rewarding liturgical celebration are enough for the church in the United States to work on (and elsewhere, too, perhaps). But together, they lead to another level of liturgical participation: living the liturgy. How much more comfortable the apostles might have been had Jesus never spoken the words of Matthew 25: "Lord, when did we see you hungry and feed you, or thirsty and give you drink? When did we see you a stranger and welcome you, or naked and clothe you? When did we see you ill or in prison, and visit you?" (37-39). But Jesus speaks those words of mission, words that were simultaneously condemnation for the apathetic and welcome for the charitable. "Whatever you did for one of these least brothers of mine, you did for me" (40). No, the believer who sits listlessly in the stupor of a liturgical celebration gone perfectly well without the concurrent call to charity has, in so many ways, missed the point. Along with the fundamental call to participate in the praise of God and the sanctification of his people goes the simple command to feed, to give drink, to welcome, to clothe, to visit, to love. And this call to mission is lost on many in our day.

Simultaneously, few generations in the last several have been more conditioned to see the goodness of service. In record numbers, young people find themselves happily ready to contribute to the well-being of others by their own contributions, perhaps less of treasure, and more of time and talent. In secular settings and within the church, they are being expected to give freely of what they have been given so that others might have a better chance at having what they need. Service hours, confirmation charity time, senior projects: these all hover around the Christian call to service and stewardship without necessarily making the connection.

35. Authentic Liturgical Participation Includes Authentic Liturgical Living

In the end, authentic participation in the liturgy cannot merely be an external activity (*Sac Car,* 52), as is expressed in several passages from the *Post-Synodal Apostolic Exhortation On the Eucharist as the Source and Summit of the Church's Life and Mission.* In fact, this active participation, the right and duty of the faithful, is borne of a heart reconciled to God. Genuine participation in the liturgy brings about an "accompanying effort to participate actively in the life of the Church as a whole, including a missionary commitment to bring Christ's love into the life of society" (*Sac Car,* 55). The all-encompassing effect of eucharistic worship renders a progressive transfiguration in the lives of believers and everything authentically human finds in the Eucharist the form it needs to be lived to the full. And finally,

The eucharistic sacrifice nourishes and increases within us all that we have already received at Baptism, with its call to holiness, and this must be clearly evident from the way individual Christians live their lives. Day by day we become "a worship pleasing to God" by living our lives as a vocation. Beginning with the liturgical assembly, the sacrament of the Eucharist itself commits us, in our daily lives, to doing everything for God's glory. (*Sac Car,* 79)

In other words, the celebration and its requisite preparation set up the demand for living out the call of Jesus to establish more completely the kingdom of justice and peace. As the voices of the liturgical movement in the 1930s, '40s, and '50s knew so well, to celebrate the liturgy was obviously to live the liturgy. One could scarcely imagine taking part in a National Liturgical Week without also being committed to the next Catholic Rural Life Conference or Christian Family Movement convention as well. "Intelligent" participation in the liturgy, in their keen minds, meant also a commitment to the emerging articulation of the social Gospel preached by Jesus, even while it was having its own profound impact on the personal prayer and piety of the believer.

36. The Intimate Connection between Ritual and Right Conduct

Charity, justice, and evangelization are thus the normal consequences of liturgical celebration. Particularly inspired by sung participation, the body of the Word Incarnate goes forth to spread the Gospel with full force and compassion. In this way, the Church leads men and women "to the faith, freedom and peace of Christ by the example of its life and teaching, by the sacraments and other means of grace. Its aim is to open up for all men a free and sure path to full participation in the mystery of Christ." (*STL,* 9)

So once more: genuine liturgical celebration normatively leads its participants to charity, justice and evangelization. How strange a world where the consequences seem somewhat more established than the normal source of their power—we have widespread service and exemplary charity while facing the challenge of a perceived lack of liturgical participation. "Eucharistic spirituality is not just participation in Mass and devotion to the Blessed Sacrament. It embraces the whole of life" (*Sac Car,* 77).

37. Closing the Loop: Ancient Catechumenate, Active Participation, Ethical Standards

To bring the point home, closing the loop of this case for full engagement of youth in every step of the liturgical catechesis, we return to Catherine Dooley's work.

Mystagogy is a way of interpreting life in the light of the mystery celebrated. By entering more deeply into the sacramental images and scriptural stories, the newly baptized do appropriate the significance and meaning of the initiation symbols. The symbolic actions make present God's covenant relationship of faithfulness and call the assembly to plumb the depth of God's love and respond with a resolute heart. The conversion that has taken place in and through the community manifests itself in ethical standards. The purpose of the process is mission, that the newly baptized might 'hasten to do good works, to please God and to live a good life (Apostolic Tradition of Hippolytus of Rome). (Dooley 1992, 395)

Mystagogy, or liturgical catechesis, requires the active participation of the believing community *not only during the celebration,* but in the *preparation for the celebration* as well, not to mention the *resultant mission* that follows. This principle is true, certainly, for the entire church, but must not be carried out in ivory towers by the few at the exclusion of the young. Young believers, by virtue of baptism, have a rightful voice in the mission of the church and more than inviting the young to take part in the preparation, celebration, and life of the liturgy, all those responsible are merely facilitating the satisfaction of their right and duty, offering the grace of the church. "Which one of you would hand his son a stone when he asks for a loaf of bread, or a snake when he asks for a fish?" (Matthew 7:9-10). And so, "the Church's pastors should unfailingly support, guide and encourage the lay faithful to live fully their vocation to holiness within this world which God so loved that he gave his Son to become its salvation" (*Sac Car,* 79). Clearly, the energetic stride of the youth in our church must be encouraged, supported, enabled to join the long line of saints whose love for life supported the church's mission unto the end of the age.

Conclusion

> There are other doors that should not be closed either. Everyone can share in some way in the life of the Church; everyone can be part of the community . . . (*EG*, 47).

38. Why a Renewed Emphasis on Youth and Liturgy?

Many who lead the church's ministry with youth bristle when they hear a well-intended speaker call youth "the church of tomorrow," because they know that youth are definitely and rightly members of today's church. Promise and prophecy and hope exude from the young members of the body of Christ. A recent study of American youth shows that "highly religious teenagers appear to be doing much better in life than less religious teenagers," but at the same time, unfortunately, "While most U.S. teenagers feel generally positive toward religion, religion is not a big deal to them," and "Spiritual and religious understanding are very weak among American teenagers" (Dean 2010, 202-205). How can the simple message of the Eucharist being the font and summit of the church's activity be rightly seen as "no big deal?" The challenge of conveying solid theology to interested adolescents is still drastically needed, to say nothing about the vast challenge of reaching uninterested adolescents.

39. A Path for Renewal

We suggest that a comprehensive approach not only to youth ministry, but also to faith formation, is desperately needed. The mystagogical method appears to work well in respecting what young people have to bring to the discussion and in challenging them to deeper faith and stronger beliefs. A consistent respect and hospitality for young people in the church is needed across the board. No one can afford to ignore young Catholics, even though they may be reluctant to make longer-term commitments and complicated plans. Fear of their bluntness, their outward disinterest, their probing questions must be met with the certainty of faith, with charity, and with great hope. The ability of young Christians to contribute actively, not only to a conversation about their own needs, but also about the direction and needs of the church and the world, must be borne in mind. An open invitation to the good work of liturgical catechesis must remain, not only for young Catholics, but for all, in a renewed spirit of evangelization and discipleship. A broader understanding of the genius of the American culture and its appropriate place in the liturgy will make a great difference, for "evangelization occurs most effectively when the church engages the culture of those she evangelizes" (*DCW*, 6). Stepping out of the way of confirmed young people taking rightful roles of ministry in the liturgy seems necessary and just. Respecting the diversity of the church, not only in culture, but also in age, and in every other manner, is the example that Jesus set for us and is the call that He would doubtless offer us.

40. Conclusion

So many of the principles of *From Age to Age* await implementation in various places. Nonetheless, much good work has been done in the realm of liturgical catechesis, particularly for and with youth. This present paper raised the foundational question of respect for the human and Christian dignity of young people in the church and acknowledged the right of every Christian to take a part in the liturgical celebration—having been well-formed and prepared for full, active, and conscious participation in liturgical life—that is abundantly expressed in mission. On the one hand, this goal is simple, perhaps even too simple, and yet countless examples exist that prove that in its simplicity, it is not yet attained. Research suggests that youth are hungry for an "experience" of the sacred, the holy, the divine. Young people do not want to read about or be told about their faith, they want to experience it. If the thrust of liturgy is for each and every one of us to have such a powerful encounter of Christ that we are transformed by that experience to then go out and live as disciples of Christ, then why is this experience of Christ not reaching some of our young people? Fifty years after the convoking of the Second Vatican Ecumenical Council, we still long for that day when the goal of the *Constitution on the Sacred Liturgy* is realized: "to impart an ever increasing vigor to the Christian life of the faithful; to adapt more suitably to the needs of our own times those institutions which are subject to change; to foster whatever can promote union among all who believe in Christ; to strengthen whatever can help to call the whole of mankind into the household of the Church" (*SC*, 1).

Works Cited

References

CCC   *Catechism of the Catholic Church*

CT   *Catechesi Tradendae* (*On Catechesis in Our Time*, John Paul II)

DCN   *Divinae Consortium Naturae* (Apostolic Constitution of the Sacrament of Confirmation)

DCW   *Disciples Called to Witness: The New Evangelization*

DD   *Dies Domini* (*Apostolic Letter on Keeping the Lord's Day Holy*)

DMC   *Directory for Masses with Children*

EG   *Evangelii Gaudium*

FAA   *From Age to Age: The Challenge of Worship with Adolescents*

FYH   *Fulfilled in Your Hearing: The Homily in the Sunday Assembly*

GES   *Gaudium et spes* (*Pastoral Constitution on the Church in the Modern World*)

GIRM   *The General Instruction of the Roman Missal*

IRL   *Instruction: Inculturation and the Roman Liturgy*

MS   *Musicae Sacrae* (*On Sacred Music*)

NMI   *Novo Millennio Ineunte* (Apostolic Letter at the Close of the Great Jubilee of the Year 2000)

PMF   *Preaching the Mystery of Faith: The Sunday Homily*

QP   *Quas Primas* (*Encyclical on the Feast of Christ the King*)

RM   *The Roman Missal*

RTV   *Renewing the Vision: A Framework for Catholic Youth Ministry*

Sac Car   *Sacramentum Caritatis* (*Post-Synodal Apostolic Exhortation on the Eucharist as the Source and Summit of the Church's Life and Mission*, Benedict XVI)

SC   *Sacrosanctum Concillium* (*Constitution on the Sacred Liturgy*)

ST   *Sacra Tridentina* (*On Frequent and Daily Reception of Holy Communion*)

STL   *Sing to the Lord*

TLS   *Tra Le Sollecitudini* (*Instruction on Sacred Music*)

Bibliography

Benedict XVI, 2007. *Post-Synodal Apostolic Exhortation on the Eucharist as the Source and Summit of the Church's Life and Mission (Sacramentum Caritatis).* http://www.vatican.va/holy_father/benedict_xvi/apost_exhortations/documents/hf_ben-xvi_exh_20070222_sacramentum-caritatis_en.html.

Benedict XVI, 2012. *Message of His Holiness Pope Benedict XVI for the Twenty-Seventh World Youth Day 2012.*

http://www.vatican.va/holy_father/benedict_xvi/messages/youth/documents/hf_ben-xvi_mes_20120315_youth_en.html.

Committee on Evangelization and Catechesis, United States Conference of Catholic Bishops, 2012. *Disciples Called to Witness: The New Evangelization.* Washington, D.C.: United States Conference of Catholic Bishops.

Committee on Priestly Life and Ministry, United States Conference of Catholic Bishops, 1982. *Fulfilled in Your Hearing: The Homily in the Sunday Assembly.* Washington, D.C.: United States Conference of Catholic Bishops.

Congregation for Divine Worship, 1973. *Directory for Masses with Children in The Liturgy Documents, Volume One: A Parish Resource,* 4th ed., 2004. Chicago: Liturgy Training Publications.

Congregation for Divine Worship and the Discipline of the Sacraments, 1994. Instruction: Inculturation and the Roman Liturgy. http://www.ewtn.com/library/curia/cdwinclt.htm.

Cyril of Jerusalem. *First Catechetical Lecture.* http://www.essene.com/History&Essenes/Cyril1.htm.

Dean, Kenda Creasy, 2010. *Almost Christian: What the Faith of Our Teenagers Is Telling the American Church.* London: Oxford University Press.

Dooley, OP, Catherine. 1992. "Liturgical Catechesis: Mystagogy, Marriage or Misnomer?" *Worship* 66:386-97.

Francis, 2013. *Apostolic Exhortation (Evangelii Gaudium) of the Holy Father Francis to the bishops, clergy, consecrated persons and the lay faithful on the proclamation of the Gospel in today's world.* http://www.vatican.va/holy_father/francesco/apost_exhortations/documents/papa-francesco_esortazione-ap_20131124_evangelii-gaudium_en.html

John Paul II, 1979. *On Catechesis in Our Time* (Catechesi Tradendae). http://www.vatican.va/holy_father/john_paul_ii/apost_exhortations/documents/hf_jp-ii_exh_16101979_catechesi-tradendae_en.html.

John Paul II, 1998. *Apostolic Letter on Keeping the Lord's Day Holy (Dies Domini).* http://www.vatican.va/holy_father/john_paul_ii/apost_letters/documents/hf_jp-ii_apl_05071998_dies-domini_en.html.

John Paul II, 2000. *Apostolic Letter at the Close of the Great Jubilee of the Year 2000 (Novo Millennio Ineunte).* http://www.vatican.va/holy_father/john_paul_ii/apost_letters/documents/hf_jp-ii_apl_20010106_novo-millennio-ineunte_en.html

The Holy See, *Catechism of the Catholic Church,* 2nd ed., 1997. Washington, D.C.: United States Catholic Conference.

The Holy See, "Documents of the Second Vatican Council." http://www.vatican.va/archive/hist_councils/ii_vatican_council/index.htm.

National Conference of Catholic Bishops, 1997. *Renewing the Vision: A Framework for Catholic Youth Ministry.* Washington, D.C.: United States Catholic Conference.

Paul VI, 1971. *Apostolic Constitution of the Sacrament of Confirmation (Divinae Consortium Naturae).* http://www.vatican.va/holy_father/paul_vi/apost_constitutions/documents/hf_p-vi_apc_19710815_divina-consortium_lt.html

Pius X, 1903. *Instruction on Sacred Music (Tra Le Sollecitudini).* http://www.vatican.va/holy_father/pius_x/motu_proprio/documents/hf_p-x_motu-proprio_19031122_sollecitudini_it.html.

Pius X, 1905. *On Frequent and Daily Reception of Holy Communion (Sacra Tridentina).* http://www.ewtn.com/library/curia/cdwfreq.htm.

Pius XI, 1925. *Encyclical on the Feast of Christ the King (Quas Primas).* http://www.vatican.va/holy_father/pius_xi/encyclicals/documents/hf_p-xi_enc_11121925_quas-primas_en.html.

Pius XII, 1955. *On Sacred Music (Musicae Sacrae).* http://www.vatican.va/holy_father/pius_xii/encyclicals/documents/hf_p-xii_enc_25121955_musicae-sacrae_en.html.

The Roman Missal, English Translation according to the Third Typical Edition, 2011. Washington, D.C.: United States Conference of Catholic Bishops.

Saint Benedict. *The Rule of Benedict.* www.osb.org/rb/text/toc.html.

National Federation for Catholic Youth Ministry, 1997. *From Age to Age: The Challenge of Worship with Adolescents.* Washington, D.C.: National Federation for Catholic Youth Ministry, Inc.

National Federation for Catholic Youth Ministry, 2012. *Proclaiming the Good News: Resources for Evangelizing the Young Church.* Washington, D.C.: National Federation for Catholic Youth Ministry, Inc.

United States Conference of Catholic Bishops, 2007. *Sing to the Lord: Music in Divine Worship.* Washington, D.C.: United States Conference of Catholic Bishops.

United States Conference of Catholic Bishops, 2012. *Preaching the Mystery of Faith: The Sunday Homily.* Washington, D.C.: United States Conference of Catholic Bishops.

Principles for Vibrant Worship with Adolescents

Excerpted from, From Age to Age: The Challenge of Worship with Adolescents, NFCYM, 1997

I Vibrant Worship with Adolescents Celebrates Their Involvement in the Church's Life and Mission[1]

48 Liturgy is grounded in the life of Jesus and in the church's experience of Christ. Liturgy celebrates our participation in the Mystical Body of Christ at work in the world. It is our lives that first give praise to the Creator. Without the experience of living the Christian life, liturgy can be an empty ritual for adolescents. Therefore, all the ways in which the church ministers to its youth and involves them in an active Christian lifestyle help to make the liturgy a more vibrant celebration for teens. Through a comprehensive youth ministry, youth are more ready to greet Christ present in Word and Sacrament.

49 To respond effectively to the diversity of its young people, the local community needs faithful adults willing to minister to and with adolescents in a variety of settings. Peer ministries are also important to creating a comprehensive youth ministry. All these efforts work together to help youth understand that *the liturgy is the summit toward which the activity of the church is directed; it is also the source from which all its power flows.*[2]

50 Being an adolescent in today's media dominated culture is difficult and different from the experiences of previous generations. We trust in the *Spirit of Christ to manifest the faith and show forth its newness in cultures which have been secularized and desacralized.*[3] We need to hear the stories of struggle and joy of being a Catholic Christian in the schools, neighborhoods, and work places of this generation. We want to stand with youth and support them in living the Christian life.

Parishes and Catholic schools demonstrate this principle by:

- encouraging youth to join with adults and their peers in activities for service and justice in the larger community;
- providing opportunities for youth to celebrate liturgy related to service and justice activities;
- acknowledging these experiences more directly in the parish worship;
- encouraging youth to exercise their natural leadership gifts and talents.

II Vibrant Worship with Adolescents Invites and Accepts Their Authentic Participation[4]

51 Authentic participation implies that adolescence is a natural and necessary stage of life and that adolescents are important and necessary to the community's understanding and celebration of the presence of Christ in its midst. Authentic participation by adolescents is varied and can seem childlike as well as adult like in its expression. The range of responses can include both the stereotypically disinterested teen present at liturgy because of parents' insistence and the accomplished young musician who accompanies the parish choir every week. Authentic participation expresses the true faith experiences of youth, at whatever stage of development that faith may be, and as witness to their full, conscious, and active Christian lifestyles.

52 The liturgical setting is also a factor in youth participation. Some youth may experience the power of liturgy more authentically in peer groups. Others may need the support of parents and significant adults to encourage their understanding and participation in parish liturgies. Of course, some youth will remain indifferent to the liturgy despite our best efforts to include them. There are many paths by which adolescents can experience the presence of Christ in communal prayer. Therefore, a balanced approach to promoting authentic youth participation includes a variety of operations. We must trust that the grace of the Holy Spirit is at work in all the baptized, though at times it is not visible to us.

53 Not all youth possess the charisms to be liturgical ministers, but all youth need formation to understand the ministry of the assembly.[5] There are some youth in every parish who are ready and eager for regular involvement in the liturgical ministries. The awareness, skills, and abilities that are naturally present in all teens need nurturing and development to come to their fullness. We have learned to respect adolescents' natural developmental abilities in education and athletics. Students and athletes are given gradually increasing responsibilities. A similar approach, one that respects natural gifts and age-related abilities, is needed for youth participation in the liturgical ministries. Young people who exercise these ministries become signs of encouragement to their peers and signs of God's continuing renewal of the church.[6]

Parishes and Catholic schools demonstrate
this principle by:

- acknowledging youth faith issues at all liturgies in ways appropriate to the rites;
- providing opportunities for youth to be trained as liturgical ministers;
- scheduling periodic liturgies at youth events prepared with youth input;
- inviting youth to help prepare the community liturgies.

III Vibrant Worship with Adolescents Attends to the Diversity of Ages and Cultures in the Assembly

54 Respect for cultures and inclusion of local art, music, and expressions are visible in vibrant worship. Those who prepare liturgy need to be familiar with the diversity of races, cultures, and ages of those present in the assembly. The prayers, songs, and symbols need to be prepared knowing that *the church respects and fosters the genius and talents of the various races and peoples.*[7]

55 All liturgy takes place within a cultural context. Contemporary culture provides a context in which today's adolescents perceive symbols, Scripture, and rituals. The rites need to reflect this diversity of culture examples, musical styles, décor, and references to current events. We feel ourselves *called to reach out beyond our nationalities, races, languages, and socio-economic levels, so as to be really one Catholic family.*[8] We sensitively use the expressions of all cultures not out of tokenism but in a spirit of solidarity with a diverse church and as a recognition of the gifts the Spirit has provided. Adolescents were raised as members of a "global village," and they can help the rest of the assembly to become aware of the cultural dynamics celebrated in the liturgy.[9]

56 Adolescents are a distinct age group in our society and culture. Their language expressions, musical preferences, and ways of life are often quite different from those of the other generations. Those who prepare the liturgy need to find appropriate ways to incorporate the youth culture's idioms into worship, remembering that *the pastoral effectiveness of a celebration will be heightened if the texts of the readings, prayers, and songs correspond as closely as possible to the needs, religious dispositions, and aptitude of the participants.*[10]

Parishes and Catholic schools demonstrate
this principle by:

- exploring new music, song texts, and service music being composed for liturgy;
- inviting youth to act as cultural resources—informing liturgy committees about current "signs of the times" that could be incorporated in the prayers, songs, or rituals;

- giving youth experiences of other cultural worship styles so that they can gain a greater appreciation for their own.

IV Vibrant Worship with Adolescents Roots and Fosters Their Personal Prayer Relationship with God[11]

57 The church professes the mystery of faith in the Creed and celebrates it in the sacramental liturgy, and the faithful live it in a vital and personal relationship with the living and true God. This relationship is prayer.[12] When we pray, we respond to God's gift of faith and open ourselves to the power of God's covenant love. In prayer, we are united—in communion—with the whole church. We have a duty, therefore, to foster the development of a personal prayer life in the young and to celebrate the ritual moments of their daily lives in prayer.

58 The symbols and rituals of liturgy become more meaningful for youth when they draw from their experiences of private prayer. Likewise, meaningful experiences of the liturgy revitalize private prayer. Opportunities for prayer in peer, family, and intergenerational settings allow youth to experience the fullness of prayer styles in the church's tradition. As youth discover and develop their own prayer expression, they often become more willing to participate in the parish assembly. For this reason, youth leaders and catechists need to provide a variety of traditional and contemporary prayer experiences for and with youth.

59 Pastoral leaders should avoid praying at youth rather than praying with youth. Too often group prayer becomes a matter of reading from printed sheets and paying little attention to current events and issues in young peoples' lives. Teens need opportunities and encouragement to voice spontaneous prayers, sing in groups, and bring their ideas and issues to community prayer. These experiences lead the way to greater participation in the liturgy. Adolescents also benefit from periodic prayer opportunities with their families and other adults. The church can foster and develop family prayer in this way.

60 The liturgy of the hours, liturgies of reconciliation and healing, and ritual devotions such as the Stations of the Cross, allow for creativity and adaptation to the life issues and cultural expressions of youth. When these liturgies are primarily for teens, the music selections, prayers, symbols, and gestures can be more contemporary and youth-oriented. More youth can also be involved in the preparation and ministries.

Parishes and Catholic schools demonstrate
this principle by:

- scheduling seasonal prayer events for youth;

- involving teens in the preparation of prayer experiences for their peers;
- providing family prayer resources;
- including personal prayer time within all youth events and catechetical sessions.

61 Quality preaching is the number one issue named by youth when they are asked what makes liturgy meaningful. They regularly mention story-telling and the use of examples that relate to their own situation in life as effective techniques for preaching. The homilist's sense of humor can help teens connect the homily to their life experiences. Visualizations and scenarios also help the Word come alive for the whole assembly.[13]

62 Effective preaching encourages the young to further explore and study the relevance of the Scriptures for this day and age. In the process, parents and other family members will also better understand how the gospel might be lived in family settings where adolescents are present. *By means of the homily the mysteries of the faith and the guiding principles of the Christian life are expounded from the sacred text.*[14]

63 Youth ministers and youth peer leaders can help pastors and others who preach the Word by suggesting examples, stories, and anecdotes that the preacher can use or reflect upon when developing homilies. There are, however, two preliminary steps. First, a supportive relationship with the *homilist* must be established to encourage trust and their openness to youthful expressions. Second, the homilist must invite teens to share their faith stories in a way that respects confidentiality. No young person is going to truthfully discuss peer relationships or situations if there is the possibility of being embarrassed. We know that Jesus used the ordinary situations and symbols of people's lives to preach effectively. We must do the same.

Parishes and Catholic schools demonstrate this principle by:

- inviting youth to reflect on the seasonal readings and to offer connections to their lives;
- providing regular opportunities for youth to study the Scriptures;
- encouraging those who preach to use current examples and storytelling techniques;
- investigating the developments within culture for their impact on youths' vernacular.

64 The church clarified that all musical styles, especially the music of the people, are to be considered for worship while respecting the functional needs of song within the rites. *The people's own religious songs are to be encouraged with care so that . . . the faithful may raise their voices in song.*[15] Music is a significant part of personal expression for youth and that expression carries over to their participation in liturgy. The music of the young brings freshness and variety to our current musical genres and can infuse sacred music with energy and vitality.[16]

65 Though the music of the liturgy has the power to unite us symbolically in common song, there is much tension in our parishes regarding musical styles. Everyone, young and old, has a favorite musical style. The function of music at liturgy, however, is to support the community prayer, not to entertain. This is sometimes difficult for teens to understand. Pastoral musicians have a difficult task balancing the threefold judgment described in *Music in Catholic Worship*—liturgical, musical, and pastoral—when choosing music for worship.[17]

66 The church has a rich tradition of sacred music, and that has been expanded by the contemporary liturgical music written since the council.[18] Sacred music, by definition, is music old and new that turns our ears and attention to the Creator. *Thus the church remains faithful in its responsibility as a teacher of truth to guard "things old" at the same time . . . bringing forth "things new"* (see Matthew 13:52).[19] We have a responsibility to invite youth to appreciate a variety of traditional and contemporary liturgical music styles.

67 The primary function of liturgical music is participation, but it is music's performance by the assembly that captures our imaginations and moves us to participation. Young people say that much of today's liturgical music does not captivate their hearts or ears. They respond as much to the way the music is performed and styled as they do to the actual melodies and texts. When music is played with enthusiasm, a variety of instrumentation, and an upbeat pace, they are more likely to participate. Pastoral leaders should be aware, however, that sometimes youth do not sing just because their peers do not, and the lack of participation has little to do with the music itself. By allowing youth to bring their musical genius to our assembly, we encourage them to value and appreciate the fullness of our sacred musical heritage.

Parishes and Catholic schools demonstrate this principle by:

- inviting youth to participate in the choirs and musical ensembles;
- exploring contemporary accompaniments and focusing on music's sound and pace;
- expanding the repertoire of hymns and songs to include youth selections;
- encouraging assembly singing so that youth feel comfortable adding their voices.

VII Vibrant Worship Incorporates Visually Dynamic Symbols and Actions

68 The liturgy and sacraments depend upon "signs perceptible to the senses."[20] We have an obligation to assess how "perceptible" our preparation of the symbols and symbolic actions of the liturgy are. Our current culture conditions us to watch passively what goes on around us. Sometimes this passivity is at odds with the dynamic of liturgy that calls for active involvement and acclamation. Furthermore, the renewal of the liturgy set forth by the Second Vatican Council recognized that *art of our days, coming from every race and region, shall be given free scope in the church, on condition that it serves the places of worship and sacred rites with reverence and honor.*[21] Both these issues affect the liturgical experiences of youth.[22]

69 Today's youth have been educated through multimedia. Their visual sense is their primary way of learning and responding to their environment. Their level of visual literacy usually exceeds their parents' and elders' abilities. They become bored when the visual nature of the rites is weak. At liturgy we more often rely upon our ears for song texts, proclamation of the Word, homily, acclamations, and prayers, and our eyes are disengaged. It would not be an understatement to say that when teens' eyes are not active, their brains shut down. We say that not in judgment but because that is how youth relate to the world. Unless their eyes are engaged, they may find it difficult to comprehend or appreciate the ritual.

70 Youth need education to develop their own prayer response within liturgy. Liturgy, by its nature, has moments of silence and opportunities for meditation that allow us to recall interior experiences and images. These prayerful "daydreams" are important dimensions of the full liturgical experience. They often form the basis of our personal response to the liturgy. Opportunities for private reflection and meditation outside the liturgy will also help teens to develop these prayer skills.

71 We must provide catechesis about the meaning of the symbols and rites. Youth are at a severe disadvantage when the symbols are static, small, or otherwise poorly prepared.

In prayer settings with youth, youth ministers have found that processions, simple movements and gestures, candles, colors, art work, and lighting all contribute to youth participation.[23] A variety of media should be appropriately integrated into the rites and should not be added to the liturgy as a gimmick to attract adolescents.[24]

Parishes and Catholic schools demonstrate this principle by:

- inviting youth to assess the visual dynamics of the liturgical rituals and symbols;
- providing visual aids (for example, orders of worship, copies of the readings in catechetical sessions, and so forth) to encourage youth participation;
- exploring the appropriate use of media at liturgy.

VIII Vibrant Worship Has an Interactive and Communal Dimension

72 *The rites, by their nature, are not private prayer but are celebrations belonging to the whole community.*[25] As we develop our approach to liturgy as a celebration of the whole community—rather than a time for collective, individual devotion and prayer—we will assist youth in entering into the experience of liturgy.[26] Teens want to belong. They want to feel welcomed. They are very sensitive to the hospitality displayed at liturgy.

73 By their nature, adolescents seek identity through their groups. Their natural affinity for group expression and celebration can be a gift to our worshiping assemblies. Sometimes their attendance in groups is intimidating to adults. Youth who tend to isolate themselves in their peer groups need to be challenged to experience also the family's and community's expression of prayer.

74 Presiders and other ministers have a significant role in determining how the young experience group worship. For example, the presider's use of an introductory comment may help acclimate an assembly that is newly gathered or new to him.[27] It is important that these ministers let their personal sense of faith influence the exercising of their roles. Young people notice. A sense of humor, a warm smile, a personal anecdote, even the admission of error when things go awry are small but significant ways to engage youth.

75 The youngest generations have also been raised in very interactive media environments. They expect to be able to touch, select, and respond to computer and animated situations. How can we help to transfer this wonderful ability to respond to other people and the community when it prays? Youth may lead us in an entirely new understanding of the global village and liturgical connectivity.

Parishes and Catholic schools demonstrate
this principle by:

- focusing on the hospitality provided at liturgy;
- encouraging teens to attend liturgy with their friends;
- building a sense of community among youth
  before liturgy;
- ministering in a personal way;
- affirming the presence and involvement of teens
  whenever possible.

References for *From Age to Age* Text

CAC — *The Challenge of Adolescent Catechesis*

CCC — *Catechism of the Catholic Church*

CCYE — *The Challenge of Catholic Youth Evangelization*

CGTM — *Called and Gifted for the Third Millennium*

CL — *Christifidelis Laici,* The Vocation and Mission of the Lay Faithful in the Church and in the World

CSL — *Sacrosanctum Concillium,* Constitution on the Sacred Liturgy

CT — *Catechesi Tradendae,* On Catechesis in Our Time

DMC — *Directory for Masses with Children*

FYH — *Fulfilled in Your Hearing,* The Homily in the Sunday Assembly

GCD — *General Catechetical Directory*

GIRM — *General Instruction on the Roman Missal*

GS — *Gaudium et Spes,* The Pastoral Constitution of the Church

LG — *Lumen Gentium,* The Dogmatic Consitution of the Church

MCW — *Music in Catholic Worship*

RCIA — *The Rite of Christian Initiation of Adults*

TTJD — *To Teach as Jesus Did*

VYM — *A Vision of Youth Ministry*

YWF — Youth and Worship Forum: Principles Stated by Youth (National Catholic Youth Conference, Minneapolis, November 1995)

Endnotes—*From Age to Age*

1   See CSL 6

2   CSL 10.

3   GCD #5.

4   See CSL 48.

5   See CSL 48.

6   See *CCC* #1140-1144.

7   See CSL 37. See, also, *CCC* #1204-1206 for an expansion on the notion of cultural adaptation.

8   *Prophetic Voices* (Washington, D.C., United States Catholic Conference, 1993) p. 41.

9   "We as Hispanic youth, commit ourselves to be missionaries to our own youth (peer ministry) expressing our faith with our own youthful spirit and in the light of the Gospel." Prophetic Voices (Washington, D.C., USCC, 1993) p. 41.

10   *GIRM* #313.

11   See CSL 83.

12   *CCC* #2558.

13   *FYH* #65.

14   CSL 52.

15   CSL 118.

16   See *CCC* #1156-1158.

17   See MCW #23-41.

18   See CSL 112.

19   Introduction to *GIRM* #15.

20   CSL 7.

21   CSL 123.

22   See *CCC* #1145-1155.

23   See *DMC* #33-36.

24   See MCW #104-106.

25   CSL 26.

26   See *CCC* #1140.

27   See *DMC* #23.

POR LOS SIGLOS DE LOS SIGLOS

For Ages Unending

EL MINISTERIO DE LITURGIA CON ADOLESCENTES

The Ministry of Liturgy with Adolescents

Equipo Directivo

Kathleen Carver
Hna. Sandra DeMasi, SSJ
Mark Mann
Matt Miller
Leigh Sterten
Lisa Tarker

Grupo de Trabajo

Donald Boucher
Kathy Cho
Kevin Feyen
David Haas
Diana Macalintal
Rdo. Godfrey Mullen, O.S.B.
Michelle Ogren
Randy Raus

Editores en inglés

Laurie Delgatto
Bruce Baumgarten

Versión en español

Instituto Fe y Vida

Maquetación y Diseño

Ruby Mikell

Por los siglos de los siglos: El ministerio de liturgia con adolescentes

National Federation for Catholic Youth Ministry, Inc., Washington, D.C. 20017

© 2014 por la *National Federation for Catholic Youth Ministry* y la *Federation of Diocesan Liturgical Commissions.*

Traducido al español por el Instituto Fe y Vida.
Publicado 2014
Impreso en Estados Unidos de América
ISBN: 978-1-932619-08-9

Crédito de imágenes
Páginas 5, 8, 9, 14 y 16 por Richard Clark, Indianápolis (www.richclarkphoto.com)
Otras páginas de iStockphoto

NFCYM
NATIONAL FEDERATION FOR
CATHOLIC YOUTH MINISTRY

*Serving Those Who
Serve the Young
Church of Today*

Indice

Prefacio

Estimado lector:

¡Feliz aniversario! En el día 4 de diciembre de 1963, el Concilio Vaticano II promulgó la Constitución *Sacrosanctum Concilium* sobre la Sagrada Liturgia (SC).

En los últimos cincuenta años, la Iglesia ha sido testigo de importantes avances en el campo del ministerio litúrgico. También ha visto avances importantes en la pastoral para, desde, con y por los adolescentes.

La presente obra, Por los siglos de los siglos, es el fruto de una labor de colaboración entre el liderazgo de la *National Federation for Catholic Youth Ministry* (NFCYM) y la *Federation of Diocesan Liturgical Commissions (*FDLC). Reconocemos que el aniversario de esta doctrina conciliar nos brinda una oportunidad para mejorar nuestra comprensión de lo que significa alentar una participación plena de los adolescentes de hoy en la vida litúrgica de la Iglesia.

En parte, este diálogo continúa la labor que se inició con la publicación del documento *En toda era: el desafío del culto con adolescentes* (1997). Este documento delinea fundamentos, principios y estrategias para un culto vibrante con los adolescentes, la mayoría de los cuales es aún aplicable para el ministerio litúrgico actual con ellos. Por lo tanto, hemos incluido la lista de estos principios operativos como apéndice a la presente obra.

Este documento es para todos aquellos "quienes toman en serio su llamado para incluir a los adolescentes en la celebración del acto central del culto de la Iglesia". Sin embargo, en muchos aspectos, el presente documento no está completo. La esperanza bien fundamentada de nuestras organizaciones es que este libro fomente el diálogo entre párrocos, liturgistas, miembros del comité de liturgia, líderes de la pastoral de música y líderes de la pastoral con adolescentes.

Ese diálogo debe tomar en consideración el contexto pastoral local —especialmente en lo que se refiere a las necesidades y a las contribuciones de los adolescentes en comunidades cultural y lingüísticamente diversas y en parroquias étnicas o nacionales—. Queda fuera del alcance del proyecto presente abordar plenamente los desafíos complejos y la riqueza del ministerio litúrgico con adolescentes en tales comunidades. A la medida que va progresando la conversación nacional sobre el ministerio litúrgico con adolescentes en ambientes particulares, es nuestra intención desarrollar materiales para apoyar la implementación de este documento.

Además, tenemos la esperanza de que el diálogo entre los líderes parroquiales fortalezca la participación activa y responsable de los adolescentes en la sagrada liturgia —"la cumbre a la cual tiende la actividad de la Iglesia y, al mismo tiempo, la fuente de donde mana toda su fuerza"— (SC 10).

La FDLC y la NFCYM deseamos especialmente extender nuestro agradecimiento al *Calvin Institute for Christian Worship* tanto por la subvención financiera como por el apoyo formativo que proporcionó a nuestras organizaciones.

Robert J. McCarty
Director ejecutivo, NFCYM

Rita Thiron
Directora ejecutiva, FDLC

Introducción

1. El punto de partida

En toda era establece bases para la renovación, principios para un culto vibrante con adolescentes y estrategias para la renovación, casi todo lo cual hasta ahora continúa vigente en el ministerio litúrgico con los adolescentes.

Hace cincuenta años, los obispos del mundo se reunieron para el Concilio Ecuménico Vaticano II y aprobaron su primer documento conciliar, *Constitución sobre la Sagrada Liturgia (Sacrosanctum Concilium* promulgado por su Santidad Pablo VI, 4 de diciembre de 1963). El documento lo empezaron manifestando esta visión:

Este sacrosanto Concilio se propone acrecentar de día en día entre los fieles la vida cristiana, adaptar mejor a las necesidades de nuestro tiempo las instituciones que están sujetas a cambio, promover todo aquello que pueda contribuir a la unión de cuantos creen en Jesucristo y fortalecer lo que sirve para invitar a todos los hombres al seno de la Iglesia. Por eso cree que le corresponde de un modo particular proveer a la reforma y al fomento de la Liturgia (SC, 1).

En 2011, los líderes de la *National Federation for Catholic Youth Ministry* (NFCYM) y los de la *Federation of Diocesan Liturgical Commissions* (FDLC) reconocieron la oportunidad que conlleva la celebración del quincuagésimo aniversario de esta enseñanza conciliar, especialmente en cuanto a la celebración de la liturgia con los adolescentes de hoy. Claramente, en los últimos cincuenta años ha habido un gran avance en los ámbitos de la liturgia y de la pastoral con adolescentes. Al recordar la obra publicada por la NFCYM en 1997, *En toda era: el desafío del culto con adolescentes¸* un comité central estableció la visión para una nueva obra sobre el mismo tema. *En toda era* establece bases para la renovación, principios para un culto vibrante con adolescentes y estrategias para la renovación, casi todo lo cual hasta ahora continúa vigente en el ministerio litúrgico con los adolescentes. Los autores, al dirigirse al liderazgo de la pastoral con adolescentes y a los líderes adolescentes, con una genuina preocupación por la ausencia de los adolescentes en el culto dominical, expresaron el deseo de "que se tome consciencia de las preocupaciones actuales que afectan las experiencias de culto de los adolescentes, y presentarnos estrategias a las parroquias para que, a modo de respuesta, desarrollen sus propios planes pastorales" (ETA 4).

Este aniversario también nos brinda a los líderes pastorales la oportunidad de renovar nuestro compromiso para estar profundamente penetrados del espíritu de la liturgia (ver SC, 29). Ya que la liturgia se encuentra en el centro de la actividad y fuerza de la Iglesia (ver SC, 10), cualquier ministerio en la Iglesia deberá entonces encontrarse íntimamente ligado a la liturgia, fluyendo de la liturgia y volviendo nuevamente a ella. Las últimas décadas nos han mostrado el resurgimiento de un interés por la liturgia de parte de los adolescentes; por lo tanto, este renovado espíritu es aún más oportuno y necesario.

2. Recursos que han surgido desde 1997

Desde la publicación de *En toda era,* han surgido otros recursos dirigidos a la pastoral con adolescentes y a la liturgia; entre ellos están *Renovemos la visión: fundamentos para el ministerio con jóvenes católicos* (1997), la *Instrucción general del Misal Romano* (2003), la Exhortación apostólica postsinodal sobre la Eucaristía fuente y culmen de la vida y de la misión de la Iglesia *Sacramentum caritatis* (promulgado en febrero de 2007), el documento sobre música de los obispos de Estados Unidos, *Cantemos al Señor* (2007) y la Tercera Edición del *Misal Romano* (2009). Luego de varias décadas de trabajo para entender, articular y aclarar el lugar, propósito y proceso de la pastoral con adolescentes en la Iglesia, se nos ha presentado una nueva oportunidad para comprender mejor el ministerio con los adolescentes. Especialmente, se debe prestar más atención a la manera en que este ministerio se forma y encuentra la fuente de donde mana toda la fuerza de la Iglesia y la cumbre a donde debe dirigirse su actividad (SC, 10), particularmente la Eucaristía.

3. Colaboración en la liturgia y la pastoral con adolescentes

La presente obra surge entonces de los esfuerzos conjuntos entre la NFCYM y la FDLC. Luego de establecerse el grupo directivo con miembros de ambas federaciones, se convocó una reunión de consulta en donde participaron especialistas en el campo de la pastoral con adolescentes y de la liturgia, incluyendo la música litúrgica, para determinar si la publicación *En toda era* debería ser simplemente revisada, actualizada y expandida o si era necesario redactar un nuevo documento. La labor del grupo abarcaba el establecimiento de una nueva agenda para el documento y la identificación de autores para desarrollar el texto.

4. Destinatarios y método

La consulta identificó primero a los destinatarios de esta labor: párrocos, liturgistas y líderes de pastoral con adolescentes quienes toman en serio su llamado para incluir a los adolescentes en la celebración del acto central del culto de la Iglesia. El propósito está basado en los destinatarios:

el documento está escrito para promover el diálogo entre los párrocos, liturgistas, músicos y líderes de la pastoral con adolescentes para que las parroquias puedan implementar una práctica pastoral sólida, fortaleciendo la participación de los adolescentes en la vida litúrgica de nuestra Iglesia. Segundo, se elaboró una lista de los conceptos clave que se necesitaría abordar, los cuales parecen caber bien dentro del marco de catequesis litúrgica como la descrita en la obra de la doctora Catherine Dooley, OP ("Liturgical Catechesis: Mystagogy, Marriage or Misnomer?" *Worship* 66 [Septiembre 1992]: 386-397). Basándose en el modelo del antiguo catecumenado, Dooley sugiere que el proceso de formación en los primeros días de la Iglesia pudiera servir también como un modelo adecuado para la formación litúrgica en la era contemporánea. Este antiguo proceso se desarrolló en tres etapas: 1) catequesis prebautismal; 2) participación y celebración de los ritos, y 3) reflexión postbautismal que conduce a la acción. Más aún, ella asevera que "Estas tres fases son aspectos integrados y entrelazados del mismo proceso" (393, traducción libre).

La consulta identificó primero a los destinatarios de esta labor: párrocos, liturgistas y líderes de pastoral con adolescentes quienes toman en serio su llamado para incluir a los adolescentes en la celebración del acto central del culto de la Iglesia.

---

5. Aplicación del método

Entonces, ¿cómo sería una catequesis litúrgica destinada a una liturgia con adolescentes? Nosotros sugerimos las tres etapas siguientes: 1) preparación litúrgica, 2) participación litúrgica y 3) vivencia litúrgica. Estas tres etapas se ajustan perfectamente a las etapas del antiguo catecumenado. Al mismo tiempo, se relacionan excepcionalmente bien con las tres expresiones de la Eucaristía definidas por el Papa Benedicto en *Sacramentum caritatis,* que la Eucaristía es: 1) un misterio que se ha de creer; 2) un misterio que se ha de celebrar, y 3) un misterio que se ha de vivir. Para manifestarlo en forma más sencilla, "Por eso, es necesario que en la Iglesia se crea realmente, se celebre con devoción y se viva intensamente este santo Misterio" (Sac Car, 94). Y esta tarea le pertenece a cada miembro de la Iglesia.

Visión general y consideraciones preliminares

6. La pregunta principal

Reconociendo que la liturgia es el lugar privilegiado de la catequesis (CIC, no. 1074), legítimamente podemos preguntar ¿por qué otro documento sobre la liturgia con los adolescentes y, en todo caso, para qué discutirlo? Una vez establecido el propósito, lo que sigue sería abordar las cuestiones de preparación, participación y vivencia litúrgica entre los miembros adolescentes del Cuerpo de Cristo.

7. La dignidad de la persona humana, la dignidad de los bautizados

Quizás el lugar más lógico para iniciar cualquier reflexión sobre la relación de los seres humanos con la liturgia es la dignidad de la persona humana y, particularmente, la dignidad de los bautizados como discípulos de Jesucristo. Como nos lo dice el *Catecismo de la Iglesia Católica*, "La dignidad de la persona humana está enraizada en su creación a imagen y semejanza de Dios; se realiza en su vocación a la bienaventuranza divina. Corresponde al ser humano llegar libremente a esta realización" (no. 1700). Más aún:

> Incorporados a la Iglesia por el Bautismo, los fieles han recibido el carácter sacramental que los consagra para el culto religioso cristiano. El sello bautismal capacita y compromete a los cristianos a servir a Dios mediante una participación viva en la santa Liturgia de la Iglesia y a ejercer su sacerdocio bautismal por el testimonio de una vida santa y de una caridad eficaz (no. 1273).

A este entendimiento, el Papa Benedicto XVI añade en *Sacramentum caritatis,* cuando dice:

> En el Sacramento del altar, el Señor viene al encuentro del hombre, creado a imagen y semejanza de Dios, acompañándole en su camino. En efecto, en este Sacramento el Señor se hace comida para el hombre hambriento de verdad y libertad. Puesto que solo la verdad nos hace auténticamente libres, Cristo se convierte para nosotros en alimento de la Verdad (Sac Car, 2).

Alimentados por esa verdad y formados por esa tradición, recordemos la última consigna de Cristo a sus apóstoles: "vayan y hagan discípulos a todos los pueblos"

(Mateo 28:19). ¿Qué pudiese proporcionar una base más sólida de catequesis, un programa de santidad, una visión más clara de ministerio con y para los adolescentes que una renovación del espíritu de la liturgia, de sus signos y símbolos, de su teología y significado? Los líderes de la pastoral con adolescentes, los ministros litúrgicos adolescentes, los coordinadores litúrgicos de todo tipo—todos ellos—deberían estar llamando a los adolescentes de la Iglesia a un discipulado más profundo e intencional enraizado firmemente en su dignidad bautismal (ver CT, 1).

La Tradición ancestral de la Iglesia, confirmada en expresiones tan populares en Estados Unidos como la Marcha por la Vida realizada anualmente y el creciente número de adolescentes que participan en viajes de servicio y misiones, trae consigo un respeto fundamental por la vida humana y una apreciación inquebrantable por la dignidad de los bautizados, una dignidad y un respeto alcanzado por un crecimiento en la virtud y por una participación activa e inteligente en el culto cristiano.

La identidad cristiana, que es ese abrazo bautismal que nos dio de pequeños el Padre, nos hace anhelar, como hijos pródigos—y predilectos en María—, el otro abrazo, el del Padre misericordioso que nos espera en la gloria. Hacer que nuestro pueblo se sienta como en medio de estos dos abrazos es la dura pero hermosa tarea del que predica el Evangelio. (EG, 144)

8. Una dignidad nutrida en la acción eucarística dominical

Tras la bella comprensión de la dignidad y responsabilidad bautismal, con toda razón pudiésemos recurrir a un sano entendimiento de la reunión de los bautizados todos los domingos, esa asamblea de todos los que gozan de esa dignidad al ser miembros del Cuerpo de Cristo. Como lo manifestó el beato Juan Pablo II en su Carta apostólica sobre la santificación del domingo (*Dies Domini,* promulgado en mayo de 1998):

Al ser la Eucaristía el verdadero centro del domingo, se comprende por qué, desde los primeros siglos, los Pastores no han dejado de recordar a sus fieles *la necesidad de participar en la asamblea litúrgica.* "Dejad todo en el día del Señor—dice, por ejemplo, el tratado del siglo III titulado *Didascalia de los Apóstoles*—y corred con diligencia a vuestras asambleas, porque es vuestra alabanza a Dios. Pues, ¿qué disculpa tendrán ante Dios aquellos que no se reúnen en el día del Señor para escuchar la palabra de vida y nutrirse con el alimento divino que es eterno?" (DD, 46).

Y, más adelante, en el mismo documento, leemos:

Hoy, como en los tiempos heroicos del principio, en tantas regiones del mundo se presentan situaciones difíciles para muchos que desean vivir con coherencia la propia fe. El ambiente es a veces declaradamente hostil y, otras veces—y más a menudo—indiferente y reacio al mensaje evangélico. El creyente, si no quiere verse avasallado por este ambiente, ha de poder contar con el apoyo de la comunidad cristiana. Por eso es necesario que se convenza de la importancia decisiva que, para su vida de fe, tiene reunirse el domingo con los otros hermanos para celebrar la Pascua del Señor con el sacramento de la Nueva Alianza (DD, 48).

Es obvio, entonces, que los bautizados—desde los más jóvenes hasta los ancianos—deben estar juntos en el día del Señor, no solo por la obligación válida de la Iglesia, sino también por la venerada tradición de desear y de necesitar dar gracias a Dios todos juntos. En la XXVII Jornada Mundial de la Juventud en 2012, el Papa Benedicto XVI exhortó a sus hermanos y hermanas con estas simples palabras:

Cada domingo, en la Eucaristía, las comunidades cristianas celebran el Misterio central de la salvación: la muerte y resurrección de Cristo. Este es un momento fundamental para el camino de cada discípulo del Señor, donde se hace presente su sacrificio de amor; es el día en el que encontramos al Cristo Resucitado, escuchamos su Palabra, nos alimentamos de su Cuerpo y su Sangre (3).

Estos párrafos detallan rápidamente las razones para que *todos los cristianos* participen en el culto dominical. Pero, ¿qué es lo especial de los adolescentes y la liturgia?

Algunas parroquias realizan una bendición de peregrinos antes de que sus hermanos y hermanas adolescentes partan en su viaje de misión o su taller catequético.

Algunas parroquias invitan a los miembros más jóvenes del coro a que introduzcan una música más contemporánea en la congregación durante varias de las liturgias dominicales.

En algunos lugares, los adolescentes toman roles activos de servicio como músicos instrumentalistas o vocales, planificadores de la liturgia o maestros de ceremonias, acólitos, ujieres, ministros de la hospitalidad, ministros extraordinarios de la Sagrada Comunión y lectores.

Las homilías dominicales pudiesen ser preparadas de manera que incluyan y capten la imaginación de los miembros adolescentes de la Iglesia.

9. Son parte de la comunidad dominical: los adolescentes con sus necesidades y dones específicos

Un excelente punto de partida para entender el valor y el papel tan importante que la pastoral con adolescentes juega en la vida de la Iglesia lo encontramos en el documento de la Conferencia de Obispos Católicos de los Estados Unidos (USCCB, por sus siglas en inglés) de 1997, *Renovemos la visión: fundamentos para el ministerio con jóvenes católicos* (RLV). Mientras que, claramente, RLV no invalida la *Instrucción general del Misal Romano* o cualquier otra norma litúrgica, los documentos de la liturgia y la sabiduría de la pastoral con adolescentes se convierten en compañeros de diálogo sumamente importantes si nuestra intención es celebrar la Misa dominical de manera que incluya a los adolescentes y no los haga sentir alienados, que los atraiga y no los sosiegue hasta el aburrimiento, que desafíe y afirme a los adolescentes y que no ignore su presencia en la asamblea dominical.

10. El llamado de la Iglesia para atender a los adolescentes

Los principios generales de la pastoral con adolescentes que se especifican en *Renovemos la visión,* son un telón de fondo, sólido y comprobado, para el tema actual. Más aún, la introducción de RLV nos recuerda las palabras del beato Juan Pablo II durante la Jornada Mundial de la Juventud de 1993:

En esta etapa de la historia, el mensaje liberador del *evangelio de la vida* ha sido puesto en vuestras manos. Y la misión de proclamarlo hasta los confines de la tierra pasa ahora a vuestra generación, la joven Iglesia. Oramos con toda la Iglesia para responder al desafío de poder brindar "a las generaciones venideras razones para vivir y razones para esperar" (RLV, 6).

Más aún, se describen detalladamente ocho componentes de una pastoral integral con adolescentes: 1) Intercesión, 2) Catequesis, 3) Crear comunidad, 4) Evangelización, 5) Justicia y servicio, 6) Promotor de liderazgo o facilitación, 7) Cuidado pastoral y 8) Oración y culto. Si bien cada componente es importante, el último de estos se ocupa más directamente de la tarea que se tiene actualmente entre manos.

11. El servicio a los adolescentes en el ministerio de oración y culto

El ministerio de oración y culto, que no es simplemente una opción que los líderes de la pastoral con adolescentes, los liturgistas y pastores deben tomar en consideración, sino una *parte esencial* de una pastoral integral con adolescentes (y de la vida de la Iglesia), *celebra y profundiza* la relación que tienen los adolescentes con Jesucristo, *despierta* la percepción que ellos tienen de la labor del Espíritu en sus vidas, *incorpora* a los adolescentes en toda la vida sacramental de la Iglesia, especialmente la Eucaristía, *nutre* la oración personal y *fomenta* asimismo la oración en familia (RLV, 46). Ésta no es una tarea fácil.

Renovemos la visión detalla las dimensiones de este ministerio manifestando específicamente que éste:

- promueve la participación auténtica de los adolescentes en la liturgia
- atiende a la diversidad de culturas y edades en la asamblea
- provee oportunidades para la oración creativa de los adolescentes con sus compañeros, familia y en encuentros intergeneracionales
- promueve la predicación eficaz de la Palabra
- permite que la música y canto expresen la vitalidad juvenil
- prepara los símbolos y acciones rituales con un énfasis particular para sus dimensiones visuales
- desarrolla las dimensiones interpersonales y comunitarias de la liturgia
- provee a los adolescentes una catequesis efectiva e intencional para la liturgia, el culto y los sacramentos;
- introduce los adolescentes a servir como ministros litúrgicos (ver RLV, 46-49).

12. Los católicos adolescentes y el culto dominical

Claramente, entonces, la *necesidad* de prestar especial atención al papel que juegan los adolescentes en la Eucaristía dominical es de gran importancia, no solo para el futuro, lo cual es importante por sí mismo, sino también para el presente a fin de que la Iglesia pueda ser Iglesia. Cada celebración Eucarística dominical debe aspirar a dar la bienvenida a toda persona de cualquier raza, idioma, edad y perspectiva. "No se puede pensar una vida plenamente cristiana sin la participación en los actos litúrgicos en los que los fieles congregados en la asamblea celebran el misterio pascual" (DMN, 8). No podemos esperar que cristiano alguno, de cualquier edad, entienda su identidad personal divorciada del culto dominical. No tenemos razón alguna para suponer que los católicos comprometidos firmemente y que asisten a la Misa dominical, sientan una vocación a la justicia social a menos que ese llamado sea hecho en forma explícita. No podemos esperar razonablemente que el Evangelio vaya a ser proclamado desde las azoteas, si es que no se escucha claramente en las iglesias en el día del Señor.

> No se puede pensar una vida plenamente cristiana sin la participación en los actos litúrgicos en los que los fieles congregados en la asamblea celebran el misterio pascual (DMN 8).

Para ayudar a los ministros de la Iglesia y a todos los fieles a llevar a cabo esta labor del culto dominical contamos con estructuras tales como el Año Litúrgico y el uso integral de símbolos y ritos para llegar al corazón y a la imaginación de los fieles de toda edad. El Año Litúrgico, con sus celebraciones y sus tiempos y cuyo centro es el domingo, reta a los fieles a comprometerse con el misterio salvífico de la vida, sufrimiento, muerte y resurrección de Cristo.

Porque para instruir al pueblo en las cosas de la fe y atraerle por medio de ellas a los íntimos goces del espíritu, mucho más eficacia tienen las fiestas anuales de los sagrados misterios que cualesquiera enseñanzas, por autorizadas que sean, del eclesiástico magisterio. Estas sólo son conocidas, las más veces, por unos pocos fieles, más instruidos que los demás; aquéllas impresionan e instruyen a todos los fieles; éstas —digámoslo así— hablan una sola vez, aquéllas cada año y perpetuamente; éstas penetran en las inteligencias, a los corazones, al hombre entero. Además, como el hombre consta de alma y cuerpo, de tal manera le habrán de conmover necesariamente las solemnidades externas de los días festivos, que por la variedad y hermosura de los actos litúrgicos aprenderá mejor las divinas doctrinas, y convirtiéndolas en su propio jugo y sangre, aprovechará mucho más en la vida espiritual (QP, 20).

Al mismo tiempo, el rito y los símbolos que conlleva, juegan un papel central en la liturgia de la Iglesia. Como lo dijo el Papa Pío X, recordándole y exigiéndole a la Iglesia una mayor participación en la liturgia para recibir con más frecuencia la Sagrada Comunión, "Los primeros fieles cristianos, entendiendo bien esta voluntad de Dios, todos los días se acercaban a esta mesa de vida y fortaleza. Ellos perseveraban en la doctrina de los Apóstoles y en la comunicación de la fracción del Pan" (*Sacra Tridentina*). Desde el primer día después de Pentecostés, el rito ha moldeado la Iglesia. Además, "Por esta razón, la santa madre Iglesia fue siempre amiga de las bellas artes, buscó constantemente su noble servicio, principalmente para que las cosas destinadas al culto sagrado fueran en verdad dignas, decorosas y bellas, signos y símbolos de las realidades celestiales" (SC, 122). Aunque los signos y los símbolos en las interpretaciones artísticas son de gran importancia en la celebración de la liturgia, aún más los símbolos principales —pan, vino, agua, óleos, fuego y carne— deberán ser incorporados, mostrados y reverenciados en el culto dominical acostumbrado de cualquier comunidad. El culto dominical en donde estos símbolos estén limitados, ya sea por minimalismo o negligencia, será ciertamente una comunidad de fe que ansía una participación más activa, más llena y más consciente en su labor y su bendición. Para los adolescentes, los símbolos y ritos de la liturgia serán más significativos

"cuando los extraen de sus experiencias de oración personal. De la misma manera, la oración personal se revitaliza mediante experiencias litúrgicas significativas. Los ministerios con adolescentes también promueven oportunidades para la oración comunitaria. La Liturgia de las Horas, liturgias de Reconciliación y Sanación, rituales étnicos y celebraciones y otras devociones permiten la creatividad y la adaptación de cuestiones vitales y expresiones culturales en la vida de los jóvenes" (RLV, 47).

13. La hospitalidad como piedra angular para lograr un ministerio vibrante

Hay que reconocer que en la cultura católica actual en EUA hay una falta importante de participación en la Eucaristía dominical. "Además, hay . . . una erosión del domingo como el día del Señor dedicado a la oración y el descanso. Las razones que los católicos citan para faltar a Misa pueden ser afrontadas y superadas por las parroquias que fomentan un entorno acogedor para los adolescentes, adultos jóvenes, solteros, parejas casadas, padres, familias, los enfermos o discapacitados, y cualquier persona que ya no esté activa en la fe. El medio para fomentar un entorno acogedor es la Nueva Evangelización. La Nueva Evangelización pone un especial énfasis en acoger de regreso a la mesa del Señor a todos los que están ausentes, porque son grandemente extrañados y necesitados para edificar el Cuerpo de Cristo" (DLDT, 9)

San Benito nos dice en su Regla para los monjes (sabiduría que se extiende más allá del claustro del monasterio y al corazón abierto de todo cristiano) que a los huéspedes se habrá de recibir como a Cristo (RB, 53). Incluso el extranjero es una ocasión de gracia para los que buscan la presencia divina. Aún mejor, los hermanos y hermanas del Señor deberán reconocer en cada uno a Aquel cuyo sacrificio y gracia los une. En términos más prácticos, la pregunta a hacerse es: ¿cómo se recibe a los adolescentes en la misma comunidad en la cual ellos forman un grupo vital de energía y de esperanza? En otras palabras, ¿qué hacen y dicen los líderes de la Iglesia, de manera especial y concreta, para expresar una calurosa bienvenida al legítimo lugar que tienen los adolescentes no solo en la Iglesia y en los programas y actividades especiales dirigidas a ellos, sino también en la liturgia dominical de la parroquia, fuente y cumbre de la vida de la Iglesia? Para expresar aún mejor la pregunta: ¿cómo animar a los adolescentes para ayudar a dar la bienvenida a los visitantes y a los foráneos?, ¿cómo se les capacita para la labor de evangelización que pertenece a todos los bautizados pero ciertamente también a los confirmados? Sin un cierto sentido de pertenencia en la parroquia, esta participación importante de los adolescentes no solo es incómoda sino también poco probable (ver *Proclaiming the Good News: Resources for Evangelizing the Young Church*, NFCYM, 2012).

¿Existe un compromiso de parte de los párrocos y de los otros líderes pastorales hacia los miembros adolescentes de la Iglesia? ¿Hay apertura a la presencia e inclusión de adolescentes en roles litúrgicos de parte de los planificadores de la liturgia? ¿Se muestra hospitalidad a esos adolescentes que tienen la confianza suficiente para ofrecerse a desempeñar funciones del ministerio litúrgico en su parroquia o escuela secundaria? Y, ¿qué medidas se han adoptado para preparar a estos adolescentes para esas funciones? ¿Se les ha enseñado el arte de la hospitalidad en el entorno mismo en el cual rinden culto? ¿Son los adolescentes bien recibidos en la importante labor de evangelización de la Iglesia? ¿Saben estos adolescentes llenos de esperanza que ellos tienen una legítima voz, no solo en los consejos juveniles y en las reuniones de comités sino también en el Consejo Parroquial y en la Misa dominical? Éstas son algunas preguntas sencillas sobre la hospitalidad que sirven para formar una base sólida a fin de fomentar e incrementar la participación en la liturgia y en la vida de la Iglesia.

Tomando como modelo esa apertura genuina a la venida del Señor en el relato del Evangelio sobre la visita de la Santísima Virgen María a su prima Isabel después de la Anunciación (Lucas 1:39-56), y considerando el papel profético que en forma legítima juegan los adolescentes (ver RLV, 37-38; el

Mensaje para la XXVII Jornada Mundial de la Juventud del Papa Benedicto XVI en 2012, no. 7, y ETA, 30), los párrocos y los líderes litúrgicos muestran gran sabiduría al involucrar a los adolescentes en la planificación y en la celebración de la liturgia de la Iglesia.

Preparación litúrgica

Ideas para una preparación litúrgica eficaz con adolescentes

- Un equipo juvenil para la preparación de la liturgia, compuesto de un grupo diverso de adolescentes de la parroquia, que se reúna mensualmente para planificar las liturgias

- Oportunidades musicales para niños y adolescentes: coro para los estudiantes de primaria, conjuntos de adolescentes, instrumentalistas

- La prédica resultará más eficaz cuando se involucre a los adolescentes en un diálogo con el predicador acerca de las Escrituras, antes de que se elabore la homilía.

- ¿De qué manera se incorporan las lecturas y las oraciones litúrgicas en la educación religiosa y en el compartir de la fe entre los adolescentes la semana antes de que éstas se proclamen en la Misa dominical?

- Una vez que un adolescente haya sido capacitado para un ministerio litúrgico, ¿de qué manera se le recibe en el ministerio durante la liturgia? ¿Se le comisiona? ¿Se le reconoce llamándolo por su nombre?

Historia y teología

14. El valor comprobado del Método Mistagógico

Desde los tiempos del siglo IV, los grandes pastores han preparado cuidadosamente a aquellos interesados en la iniciación en el Cuerpo de Cristo por medio de los sacramentos de la Pascua, al predicar con una catequesis que capta la imaginación y motiva a la conversión en la vida de aquellos que la buscaban. Con frecuencia, estas lecciones catequéticas captaban a los oyentes a nivel de su experiencia personal:

alejándose del pecado, rechazando una vida de vicios, y abrazando la fe de la Iglesia. En vez de principios y prescripciones no contextualizadas, estos predicadores les hablaban a personas reales, cuyas preguntas eran reales y buscaban respuestas reales, muy similares a las personas de nuestros días. Por ejemplo, en su primera charla catequética, san Cirilo de Jerusalén afirmaba: "Si hay aquí alguno que esté esclavizado por el pecado, que se disponga por la fe a la regeneración que nos hace hijos adoptivos y libres; y así, libertado de la pésima esclavitud del pecado y sometido a la dichosa esclavitud del Señor, será digno de poseer la herencia celestial" (*I Catequesis,* 2).

El punto de partida para una prédica eficaz era la vida de los oyentes.

15. Principios mistagógicos en un lenguaje contemporáneo

Expresado en una declaración reciente de los obispos de EUA sobre la predicación, vemos otro enfoque:

También debemos señalar que la predicación de una homilía, puesto que se produce en el contexto de la liturgia de la Iglesia, es, por definición, un profundo acto eclesial, que debe estar en evidente comunión con el Magisterio de la Iglesia y con la conciencia de que uno está en el medio de una comunidad de fe. La homilía no es un ejemplo aislado de interpretación bíblica o un ejercicio puramente académico. Está dirigida desde la fe, la de la Iglesia y del ministro ordenado que predica en el nombre de Cristo y de su Iglesia, a la fe, es decir, la fe de la comunidad cristiana congregada en un espíritu de oración y alabanza en presencia de Cristo resucitado... [La homilía] es un acto eclesial sagrado que quiere conducir de la palabra bíblica a la acción eucarística y así nutrir la fe y edificar el Cuerpo de Cristo reunido en oración. Esta sensibilidad eclesial en la predicación litúrgica era una característica de los Padres de la Iglesia, muchos de cuyos escritos existentes son de hecho el registro de su predicación. La fidelidad al Magisterio de la Iglesia no significa, sin embargo, que la homilía deba ser una afirmación abstracta de la doctrina. El propósito y espíritu de la homilía es inspirar y mover a los que la escuchan, para que puedan comprender con la mente y el corazón lo que los misterios de nuestra redención significan para nuestra vida y cómo nos pueden llamar al arrepentimiento y el cambio. (PMF, 31)

El documento anterior de los obispos sobre la predicación recuerda a los predicadores que necesitan conocer a su comunidad: "A menos que el predicador sepa lo que necesita o desea, o sea capaz de escuchar a la comunidad, existe toda probabilidad de que el mensaje ofrecido en la homilía no responda a las necesidades de las personas que la escuchan" (FYH, 4, traducción libre).

Mientras que estos pasajes responden a la pregunta de cómo predicar en asambleas que incluyen a los adolescentes, también manifiesta claramente un entendimiento fundamental y central de la catequesis y de la preparación litúrgica, hay que empezar por la capacidad, el idioma y el contexto de la asamblea, informado por la tradición, las Escrituras y los otros textos litúrgicos señalados para un día determinado. Nuevamente, sin ignorar al predicador o el contenido, el propósito aquí es asegurar que el gran puente del lenguaje cuente con bases sólidas para ambos lados de la corriente. La preparación del pueblo para su participación en la liturgia exige que se le preste ese tipo de atención. Al mismo tiempo, una catequesis litúrgica genuina y eficaz no solo empieza en la preparatoria o en la edad adulta. Las personas de cualquier edad tienen el derecho y la obligación de participar plena, consciente y activamente. Por lo tanto, los ministros de la Iglesia, al igual que los padres de familia, los líderes, los catequistas y los creyentes en general deberán prestar atención a ese derecho y obligación. Entonces:

'. . . es responsabilidad de los pastores y de los laicos asegurarse de que las puertas estén siempre abiertas'... Es en la parroquia donde uno entabla relación con la comunidad de la Iglesia, aprende a convertirse en discípulo de Cristo, se alimenta de las Escrituras, es nutrido por los sacramentos, y en última instancia se convierte en evangelizador. Las iniciativas fructíferas de evangelización y catequesis deben centrarse en la parroquia y la vida parroquial. La parroquia es el lugar donde la fe es transmitida, vivida y sostenida para todos los miembros del Cuerpo de Cristo, sobre todo para los miembros que desean regresar. "Es responsabilidad de la comunidad parroquial y de sus líderes garantizar que la fe que en ella se enseña, se predica y se celebra esté viva y sea un signo verdadero para todos aquellos que se ponen en contacto con ella, porque esto es realmente el Cuerpo vivo de Cristo" (DLDT, 18).

16. Lo antiguo y lo nuevo juntos
Al combinar los dos modelos y prestar atención a la experiencia del catecumenado antiguo y a las habilidades de la asamblea en el documento sobre la prédica, podríamos concluir correctamente que el método mistagógico, tanto el antiguo como el nuevo, comunica esa experiencia con

la Tradición de la Iglesia y las Escrituras para efectuar una respuesta nueva y fiel a la vida. En otras palabras, el método de la preparación litúrgica (o catequesis o mistagógica litúrgica) sugerida aquí comprende la relación de las Escrituras y la Tradición con la experiencia por el bien de la conversión. Y, entre los bautizados y, especialmente, los confirmados, esa conversión resulta en acción, en misión y en evangelización (ver CT, 22).

17. Fundada en la unidad de toda la Iglesia
El Papa Benedicto XVI nos habló también de la necesidad de una preparación cuidadosa para la celebración sacramental. En *Sacramentum caritatis,* él identifica a la divina Trinidad como el primer elemento de la fe eucarística, recordándole a cada creyente que Jesús no nos dio "algo" sino que se dio a sí mismo, en cuerpo y sangre, estableciendo una relación (Sac Car, 7). ¿Con qué frecuencia oímos hablar del deseo de los adolescentes de aceptación, amor y relaciones? Además, el Papa Benedicto XVI nos recuerda que la institución de la Sagrada Eucaristía sucedió en el contexto de una cena ritual con la que se conmemoraba el acontecimiento más importante del pueblo de Israel: la liberación de la esclavitud de Egipto (Sac Car, 10). ¿Acaso las personas de cualquier edad no recibirían nuevamente el mensaje de liberación de la esclavitud que ellas conocen en la forma de adicción, temor, abuso o apatía? Finalmente, "la unicidad e indivisibilidad del Cuerpo eucarístico del Señor implica la unicidad de su Cuerpo místico, que es la Iglesia una e indivisible" (Sac Car, 15).

Práctica en el ministerio

18. Confiar en la experiencia de los adolescentes

El involucrar a los adolescentes en la preparación litúrgica es, sin duda, algo común en algunas áreas, especialmente cuando se celebra una tal "Misa juvenil" por separado. Sin embargo, ¿no fuese más beneficioso y respetuoso si cada comisión parroquial para la liturgia incluyese a los adolescentes en donde pudiesen expresar sus deseos y opiniones para que toda Eucaristía dominical en sus parroquias fuese más pertinente y más accesible a ellos? A veces, cuando a los adolescentes se les expone a la Liturgia de las Horas, muestran interés en ella. Ya sea si es un requisito de la educación escolar o religiosa, de los padres de familia o de los catequistas para la Confirmación, las horas de servicio a menudo pueden traducirse en un corazón de servicio bien desarrollado en los feligreses adolescentes. Cuando el Sacramento de la Penitencia está bien preparado y bien dispuesto, eso también puede convertirse en una experiencia gratificante, llena de fe y que cambia la vida a los adolescentes. Muchas veces, se sienten atraídos especialmente a los ejercicios piadosos que les conmueven el corazón y fortalecen su fe.

Uno puede fácilmente ser testigo de una cantidad de ejemplos de eso en eventos tales como la *National Catholic Youth Conference*. Si todo esto es verdad, entonces sería bueno analizar la sintaxis de estas experiencias, el contexto de estos encuentros con la gracia, utilizando el mismo "lenguaje" para atraer e involucrar no solo a los adolescentes sino también a sus padres y abuelos.

Además, ganar la perspectiva de los adolescentes es algo crucial. Esto se aplica a la liturgia en general y aquí a la selección y oración de la música litúrgica.

Cuando se elige un comité de Liturgia o música para preparar el repertorio musical de Liturgia, se debe incluir personas con los conocimientos y aptitudes artísticas necesarias para la celebración: hombres y mujeres por un lado formados en teología católica, Liturgia, y música litúrgica, y por otro lado, familiarizados con los actuales recursos en estas áreas. Es siempre bueno incluir a algunos miembros de la asamblea como consultores, a fin de que su perspectiva esté representada (CS, 121).

Aunque no siempre es fácil abordar a los jóvenes, se creció en dos aspectos: la conciencia de que toda la comunidad los evangeliza y educa, y la urgencia de que ellos tengan un protagonismo mayor (EG, 106).

19. Confianza para el ministerio y el liderazgo

El Salmo 43 expresa el deseo humano fundamental de alabar a Dios. "Envíame tu luz y tu verdad, que ellas me guíen, y me lleven a tu santo monte, hasta tu morada. Y me acercaré al altar de Dios, al Dios de mi alegría, y te daré gracias con el arpa, Dios, Dios mío" (Salmo 43:3-4). Dios mismo envía la confianza que necesita el alma abatida para encontrar el camino hacia la morada de Dios. Quizá no haya algo más importante en la preparación litúrgica para los adolescentes que ayudarles a tener confianza en su comunidad y confianza en sí mismos para llevar a cabo aquello que ellos estiman importante para la gloria de Dios. Cuando se prepara a los adolescentes para las celebraciones sacramentales, ya sea para fortalecer los dones del Espíritu Santo en la Confirmación o realizando algún ministerio dentro de la celebración eucarística, la capacitación suficiente—tanto teológica como práctica—no solo es posible sino también necesaria. La luz de Dios y la fidelidad, así como su seguridad en ser capaces de hacer lo que se les pida, todo esto conduce a los creyentes a una renovada habilidad para servir en la presencia del Señor. Al mismo tiempo, toda la parroquia con certeza se beneficiaría al permitir que los adolescentes tomen parte en la labor que supervisan aquellos que preparan y lideran la liturgia.

A veces una parroquia no puede estar bien equipada para ofrecer el tipo de catequesis que inspira esta confianza para el ministerio. Durante los últimos años, han surgido numerosos programas, ofrecidos normalmente en el verano, para servir de ayuda en esta labor catequética. Los líderes de la parroquia harían bien animando a los adolescentes a participar en tales ofrecimientos, quizás hasta ayudándolos económicamente para que puedan asistir, pero también esperando cierto liderazgo activo a su regreso.

20. Respetar los dones de los que están deseosos

Así como les sucede a todas las personas, los adolescentes a veces, y por diversas razones, pueden sentirse atraídos a algún servicio en particular. Ayudar a aquellos que están dispuestos a servir en la liturgia a reconocer los dones y los carismas que se les ha dado y, quizás igual de importante, cuáles son aquellos dones que ellos no tienen en abundancia; ésta es una tarea no solo difícil sino también importante. Como lo dice san Benito en su Regla, "Pero no se atreva a cantar o a leer sino aquel que pueda desempeñar este oficio con edificación de los oyentes" (RB, 47). Todo principio de una buena liturgia se aplica a la liturgia con los adolescentes; especial atención a su presencia en la asamblea, al idioma que ellos hablan, a la música que conmueve su corazón, a las artes visuales que estimulan su imaginación, estos son los elementos principales de una buena preparación litúrgica con los adolescentes.

21. Circunstancias especiales

Las celebraciones litúrgicas, especialmente la Misa, en donde participa un gran número de personas, traen consigo cierta cantidad de desafíos en la preparación de la liturgia. La fidelidad a las leyes litúrgicas y su aplicación pastoral es de suma importancia, especialmente en las liturgias a nivel nacional, regional y diocesano, donde los adolescentes participarán en diversos ministerios o como parte de la asamblea en general. Sin embargo, esa misma fidelidad no es menos importante en las celebraciones diarias o semanales de la liturgia (la Misa, la Penitencia, la Liturgia de las Horas, la exposición del Santísimo, etcétera) que se realizan en las parroquias y escuelas. Obviamente, el objetivo de aquellos que planifican cualquiera de esas celebraciones deberá ser una práctica sólida de la liturgia. Realmente no existe una catequesis litúrgica más eficaz que la buena celebración de los ritos litúrgicos. Entonces, repetimos, se debe prestar atención a la sabiduría de los adolescentes en la planificación y, a la vez, de manera inmediata, aumentar la confianza de los ministros capacitados para la liturgia misma.

22. La preparación de la liturgia marca la pauta

Sería difícil sobreestimar el papel que juega la preparación de la liturgia (o la falta de ella) en la vida sacramental de la Iglesia. Esta necesidad primordial de preparar cuidadosamente una liturgia, basada directamente en las lecturas bíblicas y en las oraciones del día, no es nada nuevo en la Iglesia Católica. Hace ya medio siglo que este punto se articuló en forma clara y contundente:

> Mas, para asegurar esta plena eficacia es necesario que los fieles se acerquen a la sagrada Liturgia con recta disposición de ánimo, pongan su alma en consonancia con su voz y colaboren con la gracia divina, para no recibirla en vano. Por esta razón, los pastores de almas deben vigilar para que en la acción litúrgica no sólo se observen las leyes relativas a la celebración válida y lícita, sino también para que los fieles participen en ella consciente, activa y fructuosamente (SC, 11).

El suponer que toda la responsabilidad para la disposición adecuada recae en los mismos fieles sería un ministerio negligente por parte de los sacerdotes y de los demás líderes litúrgicos. Ese "algo más" que se requiere podría muy bien incluir la difícil y demandante labor de incluir a los adolescentes en la preparación de las liturgias, las cuales producen plenos resultados para toda la Iglesia.

23. Participación activa: unas cuantas fuentes

"La santa madre Iglesia desea ardientemente que se lleve a todos los fieles a aquella participación plena, consciente y activa en las celebraciones litúrgicas que exige la naturaleza de la Liturgia misma y a la cual tiene derecho y obligación, en virtud del bautismo, el pueblo cristiano, 'linaje escogido, sacerdocio real, nación santa, pueblo adquirido'" (SC, 14).

Este pasaje de la *Constitución sobre la Sagrada Liturgia* del Concilio Vaticano II pudiese ser el párrafo más citado de todos los documentos. Claramente se relaciona a una muy ensayada frase del Papa Pío XII acerca del uso de los himnos para hacer "que los fieles no asistan al santo sacrificio como espectadores

---

Participación litúrgica

Los adolescentes pueden participar, legítima y eficazmente, en varios ministerios litúrgicos (hospitalidad, ujieres, lectores, ministros extraordinarios de la Sagrada Comunión, sacristanes, coordinadores de ministerios, capacitadores).

- La planificación del calendario de ministros puede ser algo complicado con los adolescentes. El preguntarles su preferencia acerca de una Misa en particular o una fecha determinada puede ocasionar más trabajo que de costumbre; eso también deja la puerta abierta a esos adolescentes cuyos horarios tienden a ser algo erráticos.

- La elección de una amplia variedad de estilos musicales probablemente guste más a los adolescentes que escoger siempre la música de alabanza más popular.

- Una catequesis acerca de la relación entre la devoción privada y la oración personal con el culto comunitario que celebra la Iglesia podría ayudar a los miembros adolescentes de la Iglesia a comprender mejor esa íntima relación. Por ejemplo, la catequesis sobre la relación entre la celebración de la Misa y la exposición del Santísimo fuera de la Misa, podría ser valiosa en aquellos lugares donde los adolescentes tuvieran la oportunidad de experimentar eso.

- Los textos litúrgicos que ofrece la Iglesia pudiesen presentar un reto a la mente de un alumno de preparatoria. Una preparación eficaz para rezar esos textos y la lectio divina o una reflexión teológica sobre estos textos comunes de la liturgia podrían ser de un valor incalculable.

- La preparación práctica *antes* de la liturgia puede mejorar la participación, así como la reflexión activa *después* de la celebración.

mudos e inactivos" (MS 19). Y el Papa Pío XII se estaba prestando al menos el concepto de su predecesor, el Papa Pío X, cuando en su mensaje *Motu Proprio* de 1903 *Tra le sollecitudini,* él exhortó: "Siendo, en verdad, nuestro vivísimo deseo que el verdadero espíritu cristiano vuelva a florecer en todo y que en todos los fieles se mantenga, lo primero es proveer a la santidad y dignidad del templo, donde los fieles se juntan precisamente para adquirir ese espíritu en su primer e insustituible manantial, que es la participación activa en los sacrosantos misterios y en la pública y solemne oración de la Iglesia". Por más de un siglo, el pueblo de Dios ha sido presionado para tomar un rol activo en la labor litúrgica de la Iglesia. Y, así y todo, uno pudiese debidamente preguntarse cuánto hemos avanzado.

24. Derecho y deber

Por tanto, desde la cumbre de actividad de la Iglesia, los fieles no solo tienen el deber sino también el derecho de participar activamente en la vida litúrgica de la Iglesia. Partiendo de la dignidad y de las necesidades de la persona humana y de los bautizados en especial, este lenguaje es fuerte, exigente y claro. La participación activa en la liturgia no es ciertamente un lujo para la persona educada o un premio para la persona piadosa, es el derecho de todos los miembros bautizados del sacerdocio real de Jesucristo. Si esta declaración es cierta en lo universal, ya que parece ser la labor de un Concilio Ecuménico, entonces lógicamente debe ser cierta en lo particular, para cada grupo y para cada persona en la Iglesia, incluyendo a los adolescentes.

25. Participación activa y el arte de la celebración

A veces, ha surgido la idea de que la participación activa por parte de los fieles en la liturgia y el verdadero arte de la celebración de acuerdo a la tradición romana están en desacuerdo. El Papa Benedicto XVI lo aborda directamente cuando dice: "En los trabajos sinodales se ha insistido varias veces en la necesidad de superar cualquier posible separación entre el *ars celebrandi,* es decir, el arte de celebrar rectamente, y la participación plena, activa y fructuosa de todos los fieles. Efectivamente, el primer modo con el que se favorece la participación del Pueblo de Dios en el Rito sagrado es la adecuada celebración del Rito mismo" (Sac Car, 38). Claramente, entonces, este arte de la celebración apropiada no puede inhibir en forma realista la participación activa del pueblo peregrino de Dios. Quizá no exista otro lugar en el que sea más necesario comprender esto que en la liturgia con los adolescentes. Aquí debe haber apertura y una hospitalidad genuina para las variadas y *legítimas* expresiones de piedad y de reverencia litúrgica que pueda expresar la juventud. Por ejemplo, la música encontrada en los himnarios que cuenta

con la aprobación eclesiástica (la aprobación del obispo de la diócesis en donde se publicó el himnario) es música que, acertadamente, pudiese ser incorporada a la liturgia, no solo con los adolescentes, sino también con toda la asamblea dominical.

> La Eucaristía, si bien constituye la plenitud de la vida sacramental, no es un premio para los perfectos sino un generoso remedio y un alimento para los débiles. (EG, 47)

26. Eucaristía: misterio que se ha de celebrar

Como hemos visto, la Eucaristía es un misterio que se ha de creer. Al prepararnos para la celebración de la liturgia en la Iglesia, sería beneficioso tratar de entender ese misterio según nuestra capacidad. Pero una creencia es mejor explicada, realzada y a veces hasta desafiada cuando la liturgia es bien celebrada. Con frecuencia, a lo largo de la vida, es más probable que el misterio sea evitado que creído o celebrado. Por ejemplo, uno puede pensar así: lo que yo no entiendo, prefiero ignorarlo. Pero para el creyente católico, creer y celebrar son respuestas normativas al misterio de Dios y su amor.

Esta celebración de los ritos litúrgicos de la Iglesia se realiza con más autenticidad cuando se utilizan los ritos promulgados por la autoridad competente para el bienestar y sustento del pueblo de Dios. Al mismo tiempo, "es necesario que en todo lo que concierne a la Eucaristía haya gusto por la belleza" (Sac Car, 41). Pero, ¿acaso la belleza no depende del cristal con que se mire? Si es así, ¿acaso quizás las liturgias católicas romanas no precisen de una mayor belleza en la celebración para hacerlas más atractivas a nuestras diversas comunidades? Los obispos de Estados Unidos en su más reciente documento

sobre la música litúrgica, *Cantemos al Señor,* nos hablan directamente acerca de este desafío:

> Dado que las diócesis, parroquias y vecindarios cada vez son más diversos, los diferentes grupos culturales se esfuerzan por conseguir alguna expresión de unidad. Alentamos a las comunidades locales a que, en espíritu de hospitalidad, se animen a desarrollar celebraciones biculturales o multiculturales que, de vez en cuando, reflejen el rostro cambiante de la Iglesia en este país. Preparadas con una actitud de mutua reciprocidad, las comunidades locales pueden eventualmente pasar de las celebraciones que simplemente ponen en relieve sus diferencias multiculturales a aquellas que reflejan mejor las relaciones interculturales de la asamblea y la unidad que se comparte en Cristo. Del mismo modo, los valiosos dones musicales de las diversas comunidades culturales y étnicas deben enriquecer a toda la Iglesia en Estados Unidos, contribuyendo al repertorio del canto litúrgico y a la creciente riqueza de la fe cristiana (CS, 59).

Por tanto, en nuestras celebraciones eucarísticas (así como en otras liturgias), la diversidad no puede ser ignorada ni encerrada, sino más bien, debe ser vista como parte integral de la personalidad de la comunidad de creyentes, ya que la apreciación de la diversidad produce unidad, no división. ¿Cuán sencillo sería adaptar este principio más allá de lo étnico a la diversidad de edades en nuestras comunidades parroquiales y escolares? Y cuán necesario sería ver que las preferencias personales de los sacerdotes o de los planificadores no sean un fundamento suficiente para la selección de los textos litúrgicos (ver IGMR, 42 y 352).

> Cuando los ministros litúrgicos adolescentes se involucran en la Misa dominical de horario regular, no solo están ayudando a la parroquia en general a aprender una música nueva, sino que ellos mismos se familiarizan con la música que comúnmente se canta en otras Misas dominicales (por ejemplo, "Venid, fieles todos", "Perdón, oh Dios mío", etcétera). Existen muchas oportunidades para este enriquecimiento mutuo.

27. Participación activa: la música de los corazones cristianos

Abordar la cuestión de la música litúrgica con la participación de adolescentes es una tarea complicada. Muchos equipararían un estilo de música e instrumentos contemporáneos, casi como un ritmo de rock, con el gusto de los cristianos adolescentes y, de alguna manera, tendrían razón. Todo aquel que trabaja regularmente con adolescentes conoce la diversidad de su gusto musical en la liturgia, incluyendo el entusiasmo por la música del himnario y los cantos gregorianos que conforman un repertorio clásico de la música litúrgica. Una buena fuente

de sabiduría sobre esta diversidad de estilos es *Cantemos al Señor:*

> Se recomienda una amplia variedad de estilos musicales en las liturgias escolares, pero a la vez se sugiere tener cuidado de incluir selecciones del repertorio típicamente cantado por toda la Iglesia en las Misas dominicales. De esta manera, se introducirá a los estudiantes en la música que cantarán a lo largo de su vida, y así estarán mejor preparados para su eventual identidad de miembros adultos en la asamblea (CS, 55).

¿De qué manera hemos fomentado esta diversidad de estilos? ¿De qué manera hemos fomentado el canto gregoriano para que ocupe un lugar primordial (SC, 116 y CS, 72-73)? ¿De qué manera hemos integrado piezas contemporáneas de música litúrgica con himnos y cantos tradicionales? Al mismo tiempo, es también importante recordar que una gran variedad de música litúrgica es permitida, incluso alentada, por el texto oficial ya mencionado y, por varias décadas, existe también un claro método de juicio para la música litúrgica.

Al juzgar la idoneidad de la música para la liturgia, se examinará su calidad litúrgica, pastoral y musical. En última instancia, estos tres juicios no son sino aspectos de una única evaluación que responde a la pregunta: "¿Es esta pieza musical adecuada para su uso en esta liturgia particular?" Los tres juicios deben ser considerados juntos, y no debe aplicarse ninguno de forma aislada. Esta evaluación requiere de la cooperación, consulta, colaboración y respeto mutuo entre aquellos expertos en cualquiera de las tres áreas, ya sean párrocos, músicos, liturgistas o planificadores (CS, 126).

Con este criterio cuidadoso ya establecido, es necesario tomar en consideración los detalles de cada liturgia. La presencia de los creyentes adolescentes en la Misa dominical (y en otras celebraciones litúrgicas) pudiese sugerir la clara necesidad de que este criterio se tome en amplia consideración.

La creatividad de las personas de la localidad y los varios instrumentos, formas y melodías de música disponible son permitidos siempre y cuando sean adecuados para el uso sagrado, digno e inspirador para los fieles (ver LRI, 40).

28. Una variedad de estilos y de sonidos

> En algunas parroquias, estos estilos de oración fuera de la Misa han sido bien recibidos: la Liturgia de las Horas, la exposición del Santísimo, la *lectio divina*, la Coronilla de la Divina Misericordia y/u oraciones al estilo de Taizé.

Con frecuencia, en las "Misas juveniles" toman parte adultos de mediana y de tercera edad precisamente debido a su propia apreciación de la música utilizada. Este dato respalda la opinión de que, para muchos, la música contemporánea encuentra un hogar feliz en el repertorio regular de la Eucaristía dominical. Algunos argumentarán: "los adolescentes dicen que la música litúrgica de hoy no les cautiva el corazón ni los oídos. Ellos reaccionan tanto a la manera en que se toca y se estiliza la música, como a las melodías y textos. Cuando la música se toca con entusiasmo, con una variedad de instrumentos y con ritmo animado, los adolescentes se sienten más dispuestos a participar" (*En toda era,* 67). ¿Podría este sentimiento ser manifestado por muchas personas, además de los adolescentes, quienes se reúnen alrededor del altar del Señor para la Misa dominical? ¿Acaso la inclusión de una música litúrgica contemporánea, bien interpretada y bien cantada, junto con los estilos más clásicos, sea un elemento bien recibido en la mayoría de las comunidades parroquiales? Ello expresaría hospitalidad y la grata inclusión de todas las generaciones en el generoso Banquete del día del Señor..

Al mismo tiempo, surgen objeciones que dicen que la música sagrada tiene un alcance limitado de sonido y de estilo. Eso no parece concordar con el principio de *Sacrosanctum Concilium* expresado aquí:

> La Iglesia no pretende imponer una rígida uniformidad en aquello que no afecta a la fe o al bien de toda la comunidad, ni siquiera en la Liturgia: por el contrario, respeta y promueve el genio y las cualidades peculiares de las distintas razas y pueblos. Estudia con simpatía y, si puede, conserva íntegro lo que en las costumbres de los pueblos encuentra que no esté indisolublemente vinculado a supersticiones y errores, y aun a veces lo acepta en la misma Liturgia, con tal que se pueda armonizar con el verdadero y auténtico espíritu litúrgico (SC, 37).

¿No podría argüirse razonablemente que algunos de los estilos y sonidos de la música litúrgica contemporánea, de hecho, respetan y fomentan el genio y los talentos de la tradición musical en este país? De ser así, siempre que estos no sean supersticiosos ni se opongan a la creencia cristiana, entonces pueden ser admitidos en la liturgia, ya que serían coherentes con el espíritu de la liturgia.

29. La música como el vehículo para establecer "Una Voz" en la liturgia

A veces, la música puede convertirse en el vehículo preciso para que se desarrolle la individualidad, una individualidad que raya en un individualismo que mina la liturgia romana. Sin embargo, en el mejor de los casos, el texto, la melodía y la ejecución de la música en el rito romano debería producir una unidad más clara en el Pueblo de Dios y debería ser bien integrada en la totalidad de la celebración (Sac Car, 42). "Dado que la asamblea litúrgica reunida forma un solo cuerpo, cada uno de sus miembros debe evitar 'toda apariencia de singularidad o de división, teniendo presente que tienen en el cielo un único Padre, y por esto, todos son hermanos entre sí'" (CS, 25). Consecuentemente, los solos que le restan valor al culto en comunidad, los métodos irregulares de producción vocal que son más adecuados para el escenario que para el santuario, las letras que enfatizan la relación individual con Dios a detrimento de la importante visión católica del culto

comunal apropiado y un volumen que ofende la sensibilidad de las personas con audición normal, todos ellos son errores que deben evitarse. Especialmente cuando la asamblea está cantando junta, la voz del cantor generalmente no debe escucharse a fin de que la unidad de voces dentro de la asamblea litúrgica pueda ser fomentada y apreciada. Más aún, ¿acaso esa sola voz formada y elevada en la liturgia no continúa resonando en el corazón, la mente y los labios de los creyentes hasta mucho después de haberse celebrado la liturgia? Aquí, la relación de la voz unificada de la liturgia y la voz individual de la oración personal coinciden alegremente para siempre.

30. Predicar a los oídos de un corazón adolescente

Así como la música fácilmente puede significar "el éxito o el fracaso" de la participación activa, consciente y plena de los adolescentes en la liturgia (como de toda otra generación también), la prédica puede rápidamente también tener el mismo impacto. Parece ser cierto que muchos clérigos — sacerdotes y diáconos— se sienten nerviosos o cautelosos o intimidados por la prédica ante una asamblea compuesta principalmente por adolescentes. A veces, hasta pudiese parecer que el ignorar a algunos segmentos de la población en los bancos de la Iglesia es la reacción más conveniente a la incertidumbre de predicar a toda la congregación. Sin embargo, el mandato de Jesús fue absolutamente claro: "Vayan y hagan discípulos a *todos los pueblos* y bautícenlos para consagrarlos al Padre, al Hijo y al Espíritu Santo, enseñándoles a poner por obra todo lo que les he mandado" (Mateo 28:19-20). Predicar a personas tan diversas seguramente es difícil.

Una vez más, el desafío que presenta la diversidad es abordado por los obispos en forma clara y directa en *Fulfilled in Your Hearing*:

> La asamblea eucarística que se reúne domingo tras domingo es un fenómeno rico y complejo. Incluso en parroquias que son más o menos homogéneas étnica, social o económicamente, existe una gran diversidad: hombres y mujeres; ancianos y jóvenes; exitosos y fracasados; felices y afligidos; fervientes y poco entusiastas; fuertes y débiles. Tal diversidad representa un desafío constante para el predicador, ya que nuestras palabras pueden interpretarse fácilmente como que se está excluyendo a uno u otro segmento de la congregación (FYH, 5, traducción libre).

Cabe recordar ahora que "la proclamación litúrgica de la Palabra de Dios, sobre todo en el contexto de la asamblea eucarística, no es tanto un momento de meditación y de catequesis, sino que es el diálogo de Dios con su pueblo, en el cual son proclamadas las maravillas de la salvación y propuestas siempre de nuevo las exigencias de la alianza". [DD, 41] (EG, 137)

---

31. Mejorar las homilías

A pesar de que la enseñanza de la homilética en los seminarios y programas de formación de diáconos se ha vuelto cada vez más exigente, el Papa Benedicto exhorta la "necesidad de mejorar la calidad de la homilía" (Sac Car, 46). En algunas ocasiones, la preparación de una buena homilía se convierte en el sermón mismo: un ejercicio exclusivamente exegético que no va más allá de la aplicación de la Palabra de Dios a la experiencia vivida por los católicos contemporáneos. La homilía, "parte integral de la acción litúrgica", debe ser un

"comentario vivo" sobre la palabra de Dios dirigida a todos los pueblos de todos los tiempos (IGMR, 29).

Más adelante, se les presenta otro desafío a los predicadores: "pido a los ministros un esfuerzo para que la homilía ponga la Palabra de Dios proclamada en estrecha relación con la celebración sacramental y con la vida de la comunidad, de modo que la Palabra de Dios sea realmente sustento y vigor de la Iglesia" (Sac Car, 46). El mundo entero se beneficiaría de las homilías predicadas en las Iglesias católicas que ayudan a los fieles a vivir lo que han encontrado en la Palabra de Dios, la cual fue proclamada para nutrirlos. Aunque la inclusión de algunos elementos de la cultura popular que les son conocidos a muchos de los adolescentes pudiese atraer a otros más a escuchar con más atención, tal vez con la misma facilidad pudiese distraer o excluir a otros. El principal desafío para el predicador quizás pudiese ser llevar a cabo el mandato del Señor a todas las naciones.

32. No solo liturgia *para* los adolescentes, sino *con* los adolescentes

Los párrafos anteriores sobre la prédica pudiesen dar la impresión que el mensaje principal es que la liturgia *para* los adolescentes necesita mejorarse. No obstante hay otro asunto que, con toda razón, debe abordarse: la liturgia *con* y *por* los adolescentes. Obviamente, el ministerio de los ordenados dentro de la celebración eucarística no puede ser realizado por los adolescentes. Sin embargo, muchos de los ministerios litúrgicos, cuando se entienden bien y con una preparación cuidadosa, pudiesen ser realizados por adolescentes y no solo en las "Misas juveniles" o en las Misas escolares. Específicamente, una vez que el adolescente haya sido confirmado, se pudiera pensar que el resultado lógico y esperado fuese servir en alguno de los ministerios en la comunidad parroquial o escolar—o en ambas—. Después de todo:

Por el sacramento de la Confirmación, los que han nacido a una vida nueva por el Bautismo reciben el don inefable, el mismo Espíritu Santo, por el cual, "son enriquecidos con una fuerza especial" (LG, 11) y, marcados con el carácter de este sacramento, quedan "vinculados más perfectamente a la Iglesia" (LG, 11) y "están más estrictamente obligados a difundir y defender la fe con la palabra y con las obras, como auténticos testigos de Cristo" (LG, 11) (DCN).

¿Acaso el ministerio dentro de la asamblea litúrgica no fuese un método viable y admirable para difundir la fe con hechos como auténticos testigos de Cristo?

Imaginen el impacto que habría al incorporar a los adolescentes dentro de la liturgia eucarística, especialmente a aquellos quienes ya han recibido el sacramento de la Confirmación, como lectores, sacristanes, cantores, músicos y ministros extraordinarios de la Sagrada Comunión. El ejercicio de estos ministerios litúrgicos es un testimonio fuerte y vibrante de su fe, no solo entre sus compañeros, sino para beneficio de todos los demás. Debemos respetar las habilidades y las capacidades de nuestros adolescentes católicos comprometidos por su habilidad y deseo de participar como verdaderos *líderes* en la vida litúrgica de la Iglesia.

33. El llamado al ministerio

Restringirle de cualquier manera innecesaria el ministerio a toda persona, en especial la ayuda adecuada en la vida litúrgica de la Iglesia, pudiese parecer algo escaso de visión y una protección innecesaria. Los miembros adolescentes de la Iglesia pueden ser muy eficaces ofreciendo el servicio litúrgico junto con otras contribuciones ricas y diversas a la misión de la Iglesia. Como lo manifestó el beato Juan Pablo II:

La unidad de la Iglesia no es uniformidad, sino integración orgánica de las legítimas diversidades. Es la realidad de muchos miembros unidos en un solo cuerpo, el único Cuerpo de Cristo. Es necesario, pues, que la Iglesia del tercer milenio impulse a todos los bautizados y confirmados a tomar conciencia de la propia responsabilidad activa en la vida eclesial. Junto con el ministerio ordenado, pueden florecer otros ministerios, instituidos o simplemente reconocidos, para el bien de toda la comunidad, atendiéndola en sus múltiples necesidades: de la catequesis a la animación litúrgica, de la educación de los jóvenes a las más diversas manifestaciones de la caridad (NMI, 46).

¿Acaso la oportunidad de dar pasos pequeños ayudando en la liturgia resulte en un discernimiento más cuidadoso acerca de la verdadera vocación entre los creyentes adolescentes? Si es así, respetando en cada caso los oficios y las funciones reservadas para determinados ministros ordenados, el ofrecer la oportunidad para este tipo de servicio pareciera ser algo prudente y bien intencionado. En su preparación inmediata para el sacramento de la Confirmación, los adolescentes pudiesen escuchar la instrucción del obispo en el Rito de la Confirmación: "Sean, pues, miembros vivos de esta Iglesia, y conducidos por el Espíritu Santo procuren servir a todos, como Cristo que no vino a ser servido sino a servir" (22).

> **Vivencia litúrgica**
>
> - ¿De qué manera los prepara el ministerio litúrgico para participar más activamente en la Iglesia luego de que ellos se gradúen y asistan a la universidad?
> - ¿De qué manera los capacita el ministerio litúrgico para participar más activamente en el ministerio social de la Iglesia?

34. Una generación de servidores capacitados

Muchos quizá crean que una buena preparación litúrgica y una celebración significativa y gratificante es suficiente trabajo para la Iglesia en Estados Unidos (y quizás en otros lugares también). Pero juntas, éstas pueden conducir a otro nivel de participación litúrgica: la vivencia litúrgica. Cuánto más cómodos hubiesen estado los apóstoles si Jesús nunca hubiese pronunciado las palabras de Mateo 25: "Señor, ¿cuándo te vimos hambriento y te alimentamos; sediento y te dimos de beber? ¿Cuándo fuiste un extraño y te hospedamos, o estuviste desnudo y te vestimos? ¿Cuándo te vimos enfermo o en la cárcel y fuimos a verte?" (37-39). Pero Jesús pronuncia esas palabras de misión, palabras que, simultáneamente, eran condena para el apático y de acogida para el caritativo. "Cuando lo hicieron con uno de estos mis hermanos más pequeños, conmigo lo hicieron" (40). No, el creyente que se sienta con desgano en el estupor de una celebración litúrgica llevada a cabo perfectamente bien pero sin el llamado simultáneo a la caridad, en muchos aspectos, no ha comprendido nada. Junto con el llamado básico a participar en la alabanza a Dios y la santificación de su pueblo, llega el simple mandato de dar de comer, dar de beber, acoger, vestir, visitar, amar. Y este llamado a la misión se ha perdido en muchas personas hoy en día.

A la vez, pocas generaciones en los últimos tiempos han estado más condicionadas a ver lo bueno del servicio. Los adolescentes, en cifras récord, se encuentran listos y felices para contribuir al bienestar de los demás a través de sus propias contribuciones, quizá menos en tesoro y más en tiempo y talento. En los entornos seculares y dentro de la Iglesia, se espera que ellos den abiertamente aquello que se les ha dado para que otros puedan tener una mejor oportunidad de lograr lo que necesitan. Las horas de servicio, el tiempo dedicado a la caridad, los proyectos de la escuela: todo esto gira en torno al llamado cristiano al servicio y a la corresponsabilidad sin que necesariamente se haya establecido la relación.

35. Una participación litúrgica auténtica incluye una vida litúrgica auténtica

Básicamente, una participación genuina en la liturgia no puede ser simplemente una actividad externa (Sac Car, 52), así como lo expresan varios pasajes de *Sacramentum caritatis*. De hecho, esta participación activa, el derecho y el deber de los fieles, nace de un corazón reconciliado con Dios. La participación genuina en la liturgia es tomar "parte activa en la vida eclesial en su totalidad, la cual comprende también el compromiso misionero de llevar el amor de Cristo a la sociedad" (Sac Car, 55). El efecto integral del culto eucarístico ofrece una transfiguración progresiva en la vida de los creyentes y todo aquello auténticamente humano encuentra en la Eucaristía la forma necesaria para vivirlo a plenitud. Y, finalmente:

> Puesto que el Sacrificio eucarístico alimenta y acrecienta en nosotros lo que ya se nos ha dado en el Bautismo, por el cual todos estamos llamados a la santidad, esto debería aflorar y manifestarse también en las situaciones o estados de vida en que se encuentra cada cristiano. Este, viviendo la propia vida como vocación, se convierte día tras día en "culto agradable a Dios". Ya desde la reunión litúrgica, el Sacramento de la Eucaristía nos compromete en la realidad cotidiana para que todo se haga para gloria de Dios (Sac Car, 79).

En otras palabras, la celebración y su preparación necesaria establecen la exigencia de vivir el llamado de Jesús para establecer de manera más completa el reino de la justicia y de la paz. como bien sabían esas voces del movimiento litúrgico de los 1930, 40 y 50, celebrar la liturgia era obviamente vivirla. Uno apenas puede imaginar su participación en la Semana Nacional Litúrgica sin comprometerse también a participar en la próxima Conferencia Católica de Vida Rural o en la convención del Movimiento Familiar Cristiano.

Una participación "inteligente" en la liturgia, en sus mentes agudas, significaba también un compromiso a la articulación emergente del evangelio social predicado por Jesús, aun cuando estuviese teniendo su propio y profundo impacto en la oración personal y en la piedad del creyente.

36. La íntima relación entre el rito y la conducta correcta

Así pues, la caridad, la justicia y la evangelización, son consecuencias naturales de la celebración litúrgica. El cuerpo de la Palabra Encarnada, inspirado especialmente por la participación cantada, sale a anunciar el Evangelio con total fuerza y compasión. De esta manera, la Iglesia conduce a todos los hombres y mujeres 'por el ejemplo de la vida y de la predicación, por los sacramentos y demás medios de la gracia, de forma que se les descubra[n] el camino libre y seguro para la plena participación del misterio de Cristo' (CS, 9).

De nuevo: una celebración litúrgica genuina, en forma normativa, lleva a sus participantes a la caridad, la justica y la evangelización. Qué extraño es un mundo en donde las consecuencias parecen estar un poco más establecidas que la fuente común de su poder —tenemos un servicio generalizado y una caridad ejemplar a la vez que enfrentamos el desafío de una supuesta falta de participación litúrgica—. "La espiritualidad eucarística no es solamente participación en la Misa y devoción al Santísimo Sacramento. Abarca la vida entera" (Sac Car, 77).

37. Se cierra el círculo: el antiguo catecumenado, la participación activa, las normas éticas

Para mostrarlo mejor, cerremos el círculo para exponer el caso de la plena participación de los adolescentes en cada etapa de la catequesis litúrgica, volviendo a la obra de Catherine Dooley:

> La mistagogia es una manera de interpretar la vida a la luz del misterio celebrado. Al entrar más profundamente en las imágenes sacramentales y en las historias bíblicas, los recién bautizados hacen suyos la importancia y el significado de los símbolos de iniciación. Las acciones simbólicas hacen presente la relación de la alianza de fidelidad de Dios y llaman a la asamblea a sondear la profundidad del amor de Dios y a responder con un

corazón resoluto. La conversión que ha tenido lugar en la comunidad y a través de ella, se manifiesta en las normas éticas. El propósito del proceso es la misión, para que el recién bautizado podría 'apresurarse a hacer buenas obras, a agradar a Dios y a vivir una vida buena' (*Tradición apostólica de Hipólito de Roma*) (Dooley, 395, traducción libre).

La mistagogia o catequesis litúrgica exige la participación activa de la comunidad creyente *no solo durante la celebración,* sino también *en la preparación de la celebración* y ni qué decir *en la misión resultante* que deriva. Ciertamente, este principio es real para toda la Iglesia pero no debe llevarse a cabo en torres de marfil por solo unos cuantos, excluyendo a los adolescentes. Los creyentes adolescentes, por virtud de su bautismo, tienen una voz legítima en la misión de la Iglesia y, más que invitar a los adolescentes a participar en la preparación, celebración y vivencia de la liturgia, todos aquellos responsables están simplemente facilitando y satisfaciendo su derecho y su deber, ofreciéndoles la gracia de la Iglesia. "¿Quién de ustedes, si su hijo le pide pan le da una piedra?; o si le pide un pez, ¿le da una serpiente?" (Mateo 7:9-10). Por lo tanto, "los pastores siempre han de apoyar, educar y animar a los fieles laicos a vivir plenamente su propia vocación a la santidad en el mundo, al que Dios ha amado tanto que le ha entregado a su Hijo para que se salve por Él" (Sac Car, 79). Claramente, esa marcha enérgica de los adolescentes en nuestra Iglesia deberá animarse y apoyarse, brindándoles la oportunidad de unirse a esa larga fila de santos cuyo amor por la vida apoyó la misión de la Iglesia hasta el final de los tiempos.

Conclusión

> Hay otras puertas que tampoco se deben cerrar. Todos pueden participar de alguna manera en la vida eclesial, todos pueden integrar la comunidad... (EG, 47)

38. ¿Por qué el renovado énfasis en los adolescentes y la liturgia?

Muchos de los líderes de la pastoral con adolescentes de la Iglesia se erizan cuando escuchan a algún orador bien intencionado referirse a los adolescentes como "la Iglesia del mañana", ya que ellos saben bien que los adolescentes son miembros de la Iglesia de hoy en forma legítima y bien definida. Los miembros adolescentes del Cuerpo de Cristo rebozan de esperanza, promesa y profecía. Un estudio reciente sobre los adolescentes estadounidenses (Kenda Creasy Dean, *Almost Christian: What the Faith of Our Teenagers Is Telling the American Church* [London: Oxford University Press, 2010]), muestra "que a los adolescentes que son muy religiosos parece que les está yendo mucho mejor en la vida que a los adolescentes menos religiosos" pero, a la vez y desafortunadamente, "mientras que la mayoría de los adolescentes estadounidenses en general tiene un sentimiento positivo hacia la religión, la religión no es gran cosa para ellos", y "la comprensión de lo religioso y lo espiritual es algo muy deficiente entre los adolescentes estadounidenses" (202-205. traducción libre). ¿Cómo es que el simple mensaje de la Eucaristía que es la fuente y cumbre de la actividad de la Iglesia sea vista como "que no es gran cosa"? Todavía se necesita de modo drástico el desafío de transmitir una teología sólida a aquellos adolescentes interesados y ni qué decir del tremendo desafío de llegar a los adolescentes desinteresados.

39. Un camino de renovación

Proponemos que lo que se necesita con urgencia es un enfoque integral no solo para la pastoral con adolescentes, sino también para la formación en la fe. El método mistagógico parece que funciona pues respeta lo que los adolescentes deben traer al diálogo y los desafía a profundizar su fe y a fortalecer sus creencias. Es necesario que en todo lugar y de forma consistente se respete y se acoja a los adolescentes. Nadie puede darse el lujo de ignorar a los adolescentes católicos a pesar que ellos puedan estar reacios a comprometerse a largo plazo o a hacer planes algo complejos. El temor a su franqueza, su apatía externa, sus preguntas incisivas deben de tratarse con la certeza de la fe, con caridad y con una gran esperanza. Se deberá tener presente la capacidad de los adolescentes cristianos para contribuir activamente, no solo a una conversación sobre sus propias necesidades, sino también sobre la dirección y las necesidades de la Iglesia y del mundo. En un renovado espíritu de evangelización y de discipulado, debe mantenerse abierta una invitación a la buena labor de la catequesis litúrgica, no solo para los adolescentes católicos, sino para todos. Una mejor comprensión del genio de la cultura estadounidense y del lugar que ocupa en la liturgia haría una gran diferencia, porque "la evangelización se produce con mayor eficacia cuando la Iglesia participa de la cultura de aquellos a los que evangeliza" (DLDT, 12). Parece justo y necesario no interponerse cuando los adolescentes confirmados desempeñen su legítimo rol en el ministerio litúrgico. El respeto a la diversidad de la Iglesia, no solo respecto a las culturas, sino también a las edades y en toda forma posible, es el ejemplo que Jesús nos dio y es el llamado que, sin duda, Él nos ofrece.

40. Un objetivo a alcanzar

Muchísimos de los principios de *En toda* era todavía esperan su implementación en varios lugares. Sin embargo, ya se ha hecho muy buena labor en el ámbito de la catequesis litúrgica, especialmente para y con los adolescentes. El presente documento planteó la cuestión fundamental del respeto por la dignidad humana y cristiana de los adolescentes en la Iglesia y reconoció el derecho de todo cristiano de tomar parte en la celebración litúrgica —habiendo recibido una buena formación y preparación para la plena, activa y consciente participación en la vida litúrgica— que se expresa abundantemente en la misión. Por otro lado, este objetivo es sencillo, quizás hasta demasiado sencillo y, sin embargo, existe un sinnúmero de ejemplos que comprueban que, a pesar de su sencillez, éste aún no se ha logrado alcanzar. La investigación sugiere que los adolescentes están hambrientos de una "experiencia" de lo sagrado, lo santo, lo divino. No les interesa leer o escuchar sobre su fe, sino que la quieren experimentar. Si el propósito de la liturgia es que cada uno de nosotros tenga un encuentro tan poderoso con Cristo que nos quedemos transformados por la experiencia para luego ir y vivir como discípulos de Cristo, entonces ¿por qué sería que esa experiencia de Cristo no está llegando a muchos de nuestros adolescentes? Cincuenta años después de la convocatoria del Concilio Vaticano II, aun estamos anhelando el día cuando se logre el objetivo que propone *Sacrosanctum Concilium:* "acrecentar de día en día entre los fieles la vida cristiana, adaptar mejor a las necesidades de nuestro tiempo las instituciones que están sujetas a cambio, promover todo aquello que pueda contribuir a la unión de cuantos creen en Jesucristo y fortalecer lo que sirve para invitar a todos los hombres al seno de la Iglesia" (SC, 1).

Obras citadas

Referencias

CIC — *Catecismo de la Iglesia Católica*

CS — *Cantemos al Señor*

CT — *Catechesi tradendae* (*Exhortación apostólica sobre la catequesis en nuestro tiempo*, Papa Juan Pablo II)

DCN — *Divinae consortium naturae* (*Constitución apostólica sobre el sacramento de la Confirmación*)

DD — *Dies Domini* (*Carta apostólica sobre la santificación del domingo*, Papa Juan Pablo II)

DLDT — *Discípulos llamados a dar testimonio: La Nueva Evangelización*

DMN — *Directorio para las Misas con niños*

EG — *Evangelii gaudium* (*Exhortación apostólica sobre el anuncio del evangelio en el mundo actual*)

ETA — *En toda era: el desafío del culto con adolescentes*

FYH — *Fulfilled in Your Hearing: The Homily in the Sunday Assembly*

GS — *Gaudium et spes* (*Constitución pastoral sobre la Iglesia en el mundo actual*)

IGRM — *Instrucción general del Misal Romano*

LRI — *La liturgia romana y la inculturación*

MR — *Misal Romano*

MS — *Musicae sacrae* (*Carta encíclica sobre la música sagrada*, Papa Pío XII)

NMI — *Novo millennio ineunte* (*Carta apostólica al concluir el gran jubileo del año 2000*, Papa Juan Pablo II)

PMF — *Predicando el misterio de la fe: la homilía dominical*

QP — *Quas primas* (*Carta encíclica sobre la fiesta de Cristo Rey*, Papa Pío XI)

RLV — *Renovemos la visión: fundamentos para el ministerio con jóvenes católicos*

Sac Car — *Sacramentum caritatis* (*Exhortación apostólica postsinodal sobre la Eucaristía fuente y culmen de la vida y de la misión de la Iglesia*, Papa Benedicto XVI)

SC — *Sacrosanctum Concilium* (*Constitución sobre la Sagrada Liturgia*)

ST — *Sacra tridentina synodus* (*Decreto sobre la comunión frecuente y cotidiana*)

TLS — *Tra le sollecitudini* (*Motu proprio sobre la música sagrada*, Papa Pío X)

Bibliografía

Benedicto XVI, 2007. *Exhortación apostólica postsinodal sobre la Eucaristía fuente y culmen de la vida y de la misión de la Iglesia (Sacramentum caritatis)*. http://www.vatican.va/holy_father/benedict_xvi/apost_exhortations/documents/hf_ben-xvi_exh_20070222_sacramentum-caritatis_sp.html.

Benedicto XVI, 2012. *Mensaje del Santo Padre Benedicto XVI para la XXVII Jornada Mundial de la Juventud 2012*. http://www.vatican.va/holy_father /benedict_xvi/messages/youth/documents/hf_ben-xvi_mes_20120315_youth_sp.html.

Cirilo de Jerusalén. *Catequesis I: Invitación al bautismo*. http://www.mercaba.org/TESORO/CIRILO_J/Cirilo_03.htm.

Comité de Evangelización y Catequesis, Conferencia de Obispos Católicos de los Estados Unidos, 2012. *Discípulos llamados a dar testimonio: La Nueva Evangelización*. Washington, D.C.: United States Conference of Catholic Bishops.

Committee on Priestly Life and Ministry, United States Conference of Catholic Bishops, 1982. *Fulfilled in Your Hearing: The Homily in the Sunday Assembly*. Washington, D.C.: United States Conference of Catholic Bishops.

Congregación para el Culto Divino, 1973. Directorio para las Misas con niños. http://www.lexorandi.es/Recursos/Documentos/DirectorioMisasninos.pdf.

Congregación para el Culto Divino y la Disciplina de los Sacramentos, 1994. *La liturgia romana y la inculturación: IV instrucción para aplicar debidamente la Constitución Conciliar "Sacrosanctum Concilium"*. Bogotá, Colombia: Editorial San Pablo.

Dean, Kenda Creasy, 2010. *Almost Christian: What the Faith of Our Teenagers Is Telling the American Church*. London: Oxford University Press.

Dooley, OP, Catherine. 1992. "Liturgical Catechesis: Mystagogy, Marriage or Misnomer?" *Worship* 66:386-97.

Francisco, 2013. *Exhortación apostólica sobre el anuncio del evangelio en el mundo actual (Evangelii gaudium)*. http://www.vatican.va/holy_father/francesco/apost_exhortations/documents/papa-francesco_esortazione-ap_20131124_evangelii-gaudium_sp.html

Juan Pablo II, 1979. *Exhortación apostólica sobre la catequesis en nuestro tiempo (Catechesi tradendae)*. http://www.vatican.va/holy_father/john_paul_ii/apost_exhortations/documents/hf_jp-ii_exh_16101979_catechesi-tradendae_sp.html.

Juan Pablo II, 1998. *Carta apostólica sobre la santificación del domingo (Dies Domini)*. http://www.vatican.va/holy_father/john_paul_ii/apost_letters/documents/hf_jp-ii_apl_05071998_dies-domini_sp.html.

Juan Pablo II, 2000. *Carta apostólica al concluir el gran jubileo del año 2000 (Novo millennio ineunte)*. http://www.vatican.va/holy_father/john_paul_ii/apost_letters/documents/hf_jp-ii_apl_20010106_novo-millennio-ineunte_sp.html.

La Santa Sede. *Catecismo de la Iglesia Católica*. http://www.vatican.va/archive/catechism_sp/index_sp.html.

La Santa Sede. "Documentos del Concilio Vaticano II". http://www.vatican.va/archive/hist_councils/ii_vatican_council/index_sp.htm.

Misal Romano, 1993. México D.F., México: Obra Nacional de la Buena Prensa.

National Federation for Catholic Youth Ministry, 1997. *En toda era: el desafío del culto con adolescentes*. Washington, D.C.: National Federation for Catholic Youth Ministry, Inc.

National Federation for Catholic Youth Ministry, 2012. *Proclaiming the Good News: Resources for Evangelizing the Young Church*. Washington, D.C.: National Federation for Catholic Youth Ministry, Inc.

Pablo VI, 1971. *Constitución apostólica sobre el sacramento de la Confirmación (Divinae consortium naturae)*. http://www.vatican.va/holy_father/paul_vi/apost_constitutions/documents/hf_p-vi_apc_19710815_divina-consortium_lt.html.

Pío X, 1903. *Motu proprio sobre la música sagrada (Tra le sollecitudini)*. http://www.vatican.va/holy_father/pius_x/motu_proprio/documents/hf_p-x_motu-proprio_19031122_sollecitudini_sp.html.

Pío X, 1905. *Decreto sobre la comunión frecuente y cotidiana (Sacra tridentina synodus)*. http://www.statveritas.com.ar/Magisterio%20de%20la%20Iglesia/Magisterio%20de%20los%20Papas/Magisterio%20de%20San%20Pio%20X/Sacra%20tridentina%20synodus.htm.

Pío XI, 1925. *Carta encíclica sobre la fiesta de Cristo Rey (Quas primas)*. http://www.vatican.va/holy_father/pius_xi/encyclicals/documents/hf_p-xi_enc_11121925_quas-primas_sp.html.

Pío XII, 1955. *Carta encíclica sobre la música sagrada (Musicae sacrae)*. http://www.vatican.va/holy_father/pius_xii/encyclicals/documents/hf_p-xii_enc_25121955_musicae-sacrae_sp.html.

San Benito. *Regla de san Benito*. http://www.sbenito.org/regla/rb.htm.

United States Conference of Catholic Bishops, 1997. *Renovemos la visión: fundamentos para el ministerio con jóvenes católicos*. Washington, D.C.: United States Conference of Catholic Bishops.

United States Conference of Catholic Bishops, 2007. *Cantemos al Señor: la música en el culto divino*. Washington, D.C.: United States Conference of Catholic Bishops.

United States Conference of Catholic Bishops, 2012. *Predicando el misterio de la fe: la homilía dominical*. Washington, D.C.: United States Conference of Catholic Bishops.

Principios para un culto vibrante con los adolescentes

Tomado de: *En toda era: el desafío del culto con adolescentes,* NFCYM, 1997

I El culto vibrante con adolescents celebra su participación en la vida y misión de la Iglesia[1]

48 La liturgia está enraizada en la vida de Jesús y en la experiencia de la Iglesia en Cristo. La liturgia celebra nuestra participación en el Cuerpo Mistico de Cristo que obra en el mundo. Nuestras vidas son las que primero dan alabanzas al Creador. Sin la experiencia de vivir una vida cristiana, la liturgia podria ser un ritual vacío para el adolescente. Por lo tanto, toda forma en que la Iglesia hace ministerio con los adolescentes y los hace partícipes en un estilo activo de vida cristiana, sirve de ayuda para que la liturgia se convierta en una celebración vibrante para ellos. Mediante una pastoral integral, los adolescentes estarán más dispuestos a recibir la presencia de Cristo en Palabra y Sacramento.

49 Para responder eficazmente a la diversidad de sus adolescentes, la comunidad local necesita de fieles adultos deseosos de realizar una pastoral dirigida a adolescentes, y con ellos, dentro de una variedad de ambientes. Una pastoral de adolescentes hacia sus pares es también importante para crear una pastoral integral. Todos estos esfuerzos obran juntos para ayudar a que los adolescentes entiendan que *la liturgia es la cumbre a la cual tiende la actividad de la Iglesia y al mismo tiempo la fuente de donde mana toda su fuerza.*[2]

50 Ser adolescente en la cultura de hoy, dominada por los medios de comunicación, es difícil y diferente a lo que vivieron generaciones anteriores. Confiamos en el Espíritu de Cristo para *manifestar la fe y resaltar su originalidad frente a una cultura desacralizada y secularizada.*[3] Necesitamos escuchar a esta generación narrar las historias de sus esfuerzos y del gozo de ser cristianos católicos en las escuelas, vecindarios y centros laborales. Queremos respaldar a los adolescentes y apoyarlos para que vivan una vida cristiana.

Las parroquias y escuelas católicas demuestran este principio al:

- animar a la juventud a unirse a los adultos, y a otros adolescentes, en actividades de servicio y justicia dentro de la comunidad en general;
- brindar oportunidades a los adolescentes para celebrar la liturgia en relación con actividades de servicio y justicia;
- reconocer estas experiencias en forma directa en el culto de la parroquia;
- animar a los adolescentes a ejercitar sus dones y talentos naturales de liderazgo.

II El culto vibrante con adolescentes invita y acepta su participación auténtica[4]

51 Una participación auténtica da a entender que la adolescencia es una etapa natural y necesaria de la vida y que los adolescentes son importantes y necesarios para que la comunidad entienda y celebre la presencia de Cristo en ella. La participación genuina del adolescente es variada y puede ser expresada de una manera infantil o adulta. La gama de respuestas puede incluir igual al estereotipo del adolescente desinteresado que asiste a la liturgia a insistencia de sus padres, como al músico consumado que acompaña semanalmente al coro. La participación genuina expresa la verdadera experiencia de fe de los adolescentes, sin importar la etapa de desarrollo en que se encuentre su fe, y da testimonio de un estilo cristiano de vida, pleno, consciente y activo.

52 El ambiente de la liturgia es también un factor importante en la participación de los adolescentes. Algunos adolescentes sentirán más profundamente el poder de la liturgia si ésta se realiza con otras personas de su edad. Otros sentirán que necesitan el apoyo de sus padres y de otros adultos importantes para ayudarlos a entender y participar en las liturgias parroquiales. No dudamos que algunos otros adolescentes permanecerán indiferentes a la liturgia, a pesar de nuestros mejores esfuerzos por incluirlos en ella. Hay muchas formas por las cuales los adolescentes pueden sentir la presencia de Cristo en oración comunal. Por lo tanto, una manera balanceada para fomentar la participación auténtica de los adolescentes, incluye una variedad de opciones. Debemos confiar que la gracia del Espíritu Santo está obrando en todos los bautizados, aunque a veces esto no nos sea visible.

53 No todos los adolescentes poseen los carismas para ser ministros de la liturgia, pero todos ellos necesitan una formación para entender el ministerio de la asamblea.[5] En toda parroquia hay cierto número de adolescentes que están listos y ansiosos de involucrarse en forma periódica en los ministerios litúrgicos. La percepción, aptitudes y talentos que por naturaleza están presentes en todos los adolescentes, necesitan nutrirse y desarrollarse

para alcanzar su plenitud. Hemos aprendido a respetar las habilidades propias del desarrollo natural de los adolescentes en el campo de la educación y los deportes. A los estudiantes y a los atletas se les incrementan sus responsabilidades en forma gradual. Un método similar es necesario para la participación de los adolescentes en los ministerios litúrgicos, respetando sus dones naturales y las habilidades proprias de su edad. Los adolescentes que ejercitan estos ministerios se convierten en señales de ánimo para sus semejantes y en señales de Dios para la continua renovación de la Iglesia.[6]

Las parroquias y escuelas católicas demuestran este principio al:

- reconocer inquietudes de fe de los adolescentes en todas las liturgias de manera adecuada a los ritos;
- ofrecer a los adolescentes la oportunidad de ser capacitados como ministros de la liturgia;
- programar liturgias, en forma periódica, en los eventos juveniles y con la participación de los adolescentes;
- invitar a los adolescentes para que ayuden con la preparación de las liturgias de la comunidad.

III El culto vibrante con adolescentes presta atención a la diversidad de edades y culturas en la asambelea

54 El respeto a las culturas y la inclusión del arte, música y expresiones locales se muestran visiblemente en un culto vibrante. Quienes preparan la liturgia necesitan familiarizarse con la diversidad de razas, culturas y edades de aquellos que participan en la asamblea. Las oraciones, canciones y símbolos necesarios tienen que prepararse sabiendo que *la Iglesia . . . respeta y promueve el genio y las cualidades peculiares de las distintas razas y pueblos.*[7]

55 Toda liturgia se desarrolla dentro de un contexto cultural. La cultura contemporánea ofrece el contexto en el cual los adolescentes de hoy perciben los simbolos, escrituras y rituales. Los ritos necesitan reflejar esta diversidad de culturas mediante ejemplos, estilos musicales, decoración, y referencias a sucesos de actualidad. *Nos sentimos llamados . . . a ir más allá de nuestras nacionalidades, razas, idiomas y niveles socio-económicos para sentirnos una familia católica.*[8] Con sensibilidad utilizamos las expresiones de todas las culturas, no por hacerlo sólo en forma nominal, sino en un espíritu de solidaridad con una Iglesia diversa y en reconocimiento de los dones que el Espíritu ha proporcionado. Los adolescentes se han criado como miembros de una "villa global" y ellos pueden ayudar al resto de la asamblea para que se percaten de las dinámicas culturales que se celebran en la liturgia.[9]

56 Los adolescentes forman parte de un grupo de personas de una edad determinada en nuestra sociedad y cultura. Sus expresiones de lenguaje, preferencias musicales y estilos de vida son, con frecuencia, muy diferentes a los de otras generaciones. Las personas que preparan las liturgias necesitan encontrar la manera adecuada de incorporar el lenguaje de la cultura juvenil al culto, recordando que *la eficacia pastoral de la celebración aumentará sin duda si se saben elegir, dentro de lo que cabe, los textos apropiados, lecciones, oraciones y cantos que mejor respondan a las necesidades y a la preparación espiritual y modo de ser de quienes participan en el culto.*[10]

Las parroquias y escuelas católicas demuestran este principio al:

- explorar la música nueva, los textos de las canciones, y la música compuesta para la liturgia;
- invitar a los adolescnetes a servir de recurso cultural —informando a los comités de liturgia acerca de los "signos de los tiempos" de hoy que pueden ser incorporados en oraciones, canciones o rituales— ;
- brindar a los adolescentes la experiencia de estilos de culto de otras culturas para que así adquieran una mayor apreciación por los suyos.

IV El culto vibrante con adolescentes implanta y fomenta su relación personal de oración con Dios[11]

57 La Iglesia profesa el misterio de la fe en el Credo y lo celebra en la liturgia sacramental, y los fieles lo viven dentro de su relación personal con un Dios viviente y verdadero. Esta relación es la oración.[12] Cuando oramos, respondemos al don de la fe dado por Dios y nos abrimos al poder del amor de la alianza de Dios. Mediante la oración, nos unimos —en communion— con toda la Iglesia. Por lo tanto, tenemos la obligación de fomentar en los adolescentes el desarrollo de una vida de oración personal y de celebrar en oración los momentos de rito de su vida cotidiana.

58 Los símbolos y rituales de la liturgia adquieren más significado para la juventud cuando éstos son extraídos de sus experiencias de oración privada. De la misma forma, las experiencias significativas de la liturgia revitalizan la oración privada. Las oportunidades de los adolescentes de orar con otras personas de su edad, en familia y en ambiente intergeneracional, les permite vivir la plenitud de estilos de oración en la tradición de la Iglesia. Los adolescentes, al descubrir y desarrollar sus expresiones propias de oración, con frecuencia muestran más deseos de participar en la asamblea parroquial. Por esta razón, los líderes pastorales y los catequistas necesitan dar a los adolescentes una variedad de experiencias de oración, tradicionales y contemporáneas, con ellos y para ellos.

59 Los líderes pastorales deben evitar orar *hacia* los adolescentes y acostumbrarse a orar *con* ellos. A menudo, la oración en grupo se convierte en una lectura de hojas

impresas que presta poca atención a los eventos y asuntos de la vida cotidiana de los adolescentes. Los adolescentes necesitan que se les dé la oportunidad y se les anime a orar en forma espontánea, a cantar en grupo y a traer sus ideas y preocupaciones a la oración en comunidad. Estas experiencias abren las puertas para una mayor participación en la liturgia. Los adolescentes también se benefician orando en forma regular con sus familiares y con otros adultos. La Iglesia, en esta forma, puede fomentar y desarrollar la oración familiar.

60 La Liturgia de las Horas, las liturgias para la reconciliación y sanación, y las devociones rituales, como las Estaciones de la Cruz, permiten la creatividad y la adaptación de los asuntos de la vida y expresiones culturales de la juventud. Cuando estas liturgias son dirigidas especialmente a los adolescentes, las selecciones musicales, oraciones, símbolos y gestos pueden ser más contemporáneos y orientados hacia la juventud. Un mayor número de éstos puede también involucrarse en la preparación y en los ministerios.

Las parroquias y escuelas católicas demuestran este principio al:

- programar eventos periódicos de oración para los adolescentes;
- involucrar a los adolescentes en la preparación de experiencias de oración dirigidas a ellos;
- proporcionar recursos para la oración familiar;
- incluir momentos de oración personal en todos los eventos y sesiones catequéticas para los adolescentes.

V El culto vibrante cuenta con una prédica efectiva de la Palabra

61 Cuando se pregunta a los adolescentes qué es lo que hace que la liturgia tenga mayor significado, lo primero que mencionan es la calidad de la prédica. Con frecuencia mencionan que una técnica efectiva es el uso de historias y de ejemplos que tienen relación con diversas situaciones de su vida. El sentido del humor del homilista puede ayudar a los adolescentes a relacionar la homilía con sus experiencias de vida. El uso de la visualización y los escenarios también ayudan a que la Palabra cobre vida para toda la asamblea.[13]

62 Una prédica efectiva anima a los adolescentes a explorar y estudiar más profundamente la relevancia que tienen las Escrituras en la actualidad. Durante el proceso, los padres de familia y demás familiares entenderán mejor cómo se puede vivir el Evangelio dentro del ambiente familiar cuando hay adolescentes en su medio. Por *la homilía. . . se exponen durante el ciclo del año litúrgico, a partir de los textos sagrados, los misterios de la fe y las normas de la vida cristiana.*[14]

63 Los agentes de pastoral con adolescentes y los líderes adolescentes pueden ayudar a los pastores, y a todo aquel que predique la Palabra, sugiriendo ejemplos, historias y anécdotas que la persona que predica pueda utilizar o usar como reflexión cuando prepara las homilías. Sin embargo, hay dos pasos preliminares. Primero, debe establecerse una relación de apoyo con los homilistas para alentar la confianza y la apertura hacia las expresiones juveniles. Segundo, el homilista debe invitar a los adolescentes a compartir sus historias de fe respetando siempre la confidencialidad. Ningún adolescente hablará con sinceridad sobre situaciones importantes de su vida o sus relaciones con otros adolescentes, si esto implica pasar una vergüenza. Sabemos que Jesús utilizó situaciones y símbolos comunes de la vida del pueblo para realizar una prédica efectiva. Nosotros debemos hacer lo mismo.

Las parroquias y escuelas católicas demuestran este principio al:

- invitar a los adolescentes a reflexionar sobre las lecturas del ciclo y compartir en qué forma pueden relacionarlas con su vida;
- brindar a los adolescentes, en forma periódica, la oportunidad de estudiar las Escrituras;
- animar a los que predican a que usen ejemplos y métodos modernos para narrar las historias;
- investigar lo que sucede dentro de la cultura por su impacto en el lenguaje "vernáculo" de la juventud.

VI El culto vibrante cuenta con un espíritu juvenil en la música y en el canto

64 La Iglesia aclara que todos los estilos musicales, especialmente la música del pueblo, deben ser considerados en el culto, mostrando respeto a la función que cumplen los cantos dentro del rito. *Foméntese con empeño el canto religioso popular, de modo que. . . resuenen las voces de los fieles.*[15] La música es factor importante de la expresión personal de los adolescentes y esa expresión los lleva a participar en la liturgia. La música de los adolescentes trae frescura y variedad a los géneros musicales actuales y puede realizar la misma infusión de energía y vitalidad en la música sagrada.[16]

65 Aunque la música litúrgica simboliza la unión de todos en un canto común, existe cierta tensión en nuestras parroquias debido a los diversos estilos de música. Todos, tanto adolescentes como ancianos, tienen un estilo musical favorito. Sin embargo, la función de la música en la liturgia es dar apoyo a la oración de la comunidad y no servir de entretenimiento. Los adolescentes a veces encuentran esto difícil de entender. Los músicos pastorales tienen la difícil tarea de balancear el triple criterio que se describe en *La música en el culto católico* —litúrgico, musical y pastoral— al escoger la música para el culto.[17]

66 La Iglesia tiene una rica tradición de música sagrada que ha sido incrementada gracias a la música contemporánea para la liturgia que se ha escrito desde el Concilio Vaticano II.[18] Por definición, la música sagrada es una música "antigua y nueva" que nos hace prestar oído y atención al Creador. *De esta manera, la Iglesia, que conservando "lo antiguo", es decir, el depósito de la tradición, permanece fiel a su misión de ser maestra de la verdad, cumple también con su deber de examinar y emplear prudentemente "lo nuevo"* (ver Mateo 13:52).[19] Tenemos la responsabilidad de invitar a la juventud para que aprecie la variedad de estilos musicales para la liturgia, ya sean tradicionales o contemporáneos.

67 La función primordial de la música litúrgica es la participación, pero la música expresada por la asamblea es la que captura nuestra imaginación y nos mueve a participar. Los adolescentes dicen que la música litúrgica de hoy no les cautiva el corazón ni el oído. Ellos reaccionan tanto a la manera en que se toca y se estiliza la música como a las melodías y textos. Cuando la música se toca con entusiasmo, con una variedad de instrumentos y con ritmo animado, los adolescentes se sienten más dispuestos a participar. Sin embargo, los líderes pastorales deben tomar en cuenta que a veces los adolescentes no cantan porque sus compañeros de edad tampoco están cantando y su falta de participación tiene poco que ver con la música en sí. Al permitir que los adolescentes traigan sus talentos musicales a nuestra asamblea, los animamos a valorar y apreciar la plenitud de nuestra sagrada herencia musical.

Las parroquias y escuelas católicas demuestran este principio al:

- invitar a los adolescentes a que participen en los coros y grupos musicales;
- buscar acompañamientos musicales contemporáneos y centrarse en el "ritmo y sonido" de la música;
- ampliar el repertorio de himnos y canciones que incluyan selecciones para los adolescentes;
- animar a la asamblea al canto para que los adolescentes se sientan cómodos de aunar sus voces.

VII El culto vibrante incorpora acciones y símbolos evidentes y visualmente dinámicos

68 La liturgia y los sacramentos se basan en lo que los "signos sensibles significan".[20] Tenemos la obligación de evaluar cuan "perceptible" es nuestra preparación de los símbolos y acciones simbólicas en la liturgia. Nuestra cultura actual nos ha acondicionado a mirar pasivamente lo que sucede a nuestro alrededor. A veces esta pasividad no está de acuerdo con la dinámica de la liturgia que llama a una participación activa y a la aclamación. Además, la renovación de la liturgia impulsada por el Concilio Vaticano II reconoce que *el arte de nuestro tiempo, y el de todos los pueblos y regiones, ha de ejercerse libremente en la Iglesia, con tal que sirva a los edificios y ritos sagrados con el debido honor y reverencia.*[21] Estos dos asuntos afectan las experiencias litúrgicas de los adolescentes.[22]

69 Los adolescentes de hoy han sido educados por los medios de comunicación. La manera primordial de aprender y de responder a lo que les rodea es mediante su sentido visual. A menudo, su nivel de instrucción visual es más alto que la habilidad que poseen sus padres y otras personas mayores. Los adolescentes se aburren cuando el carácter visual de los ritos es débil. En la liturgia, con frecuencia confiamos en nuestros oídos para el canto, la proclamación de la Palabra, homilía, aclamación y oración, pero nuestros ojos no están ocupados en nada. No exageramos al decir que si los ojos de los adolescentes no se mantienen ocupados en algo, sus cerebros se paralizan. No lo decimos a modo de juicio, sino por la forma cómo los adolescentes se relacionan con el mundo. A menos que sus ojos se mantengan ocupados, les será difícil comprender o apreciar el ritual.

70 Los adolescentes necesitan ser educados para elaborar sus propios responsos a las oraciones litúrgicas. Por su misma naturaleza, la liturgia brinda momentos de silencio y de meditación que nos permiten recordar experiencias e imágenes internas. Estos "ensueños" en oración son una dimensión importante de la experiencia litúrgica plena. Con frecuencia, son la base de nuestra repuesta personal a la liturgia. Las ocasiones para la reflexión y la meditación en privado, fuera de la liturgia, también ayudan a los adolescentes a desarrollar esta habilidad para la oración.

71 Debemos catequizar acerca del significado de los símbolos y ritos. Los adolescentes tendrán una tremenda desventaja si los símbolos son estáticos o pequeños o si no han sido preparados adecuadamente. En el ambiente juvenil de oración, los agentes de pastoral con adolescentes se han dado cuenta que las procesiones, los gestos y movimientos simples, velas, colores, obras de arte e iluminación contribuyen a la participación de los adolescentes.[23] Una variedad de medios de comunicación debe incorporarse en forma adecuada dentro de los ritos, y no debe integrársele a la liturgia sólo como un ardid para atraer a los adolescentes.[24]

Las parroquias y escuelas católicas demuestran este principio al:

- invitar a los adolescentes a evaluar la dinámica visual de los ritos y símbolos litúrgicos;
- proporcionar ayudas visuales (por ejemplo, el orden del culto, copias de las lecturas en las sesiones catequéticas, y otras cosas) para fomentar la participación de los adolescentes;
- explorar el uso adecuado de los medios de comunicación en la liturgia.

72 *Las acciones litúrgicas no son acciones privadas, sino
    celebraciones de la Iglesia.*[25] Mientras que desarrollamos
    nuestro enfoque litúrgico como una celebración para
    toda la comunidad —en vez de un tiempo de oración y
    devoción colectiva e individual— debemos ayudar a los
    adolescentes a entrar en la experiencia de la liturgia.[26] Los
    adolescentes desean pertenecer a algo. Desean sentirse
    acogidos. Ellos muestran sensibilidad hacia la hospitalidad
    mostrada en la liturgia.

73 Por su misma naturaleza, los adolescentes buscan su
    identidad con otras personas de su edad. Su afinidad
    natural para expresarse en grupo y para celebrar puede ser
    un regalo para nuestras asambleas de culto. Los adultos a
    veces se sienten cohibidos cuando los adolescentes asisten
    en grupo. Los adolescentes que tienden a aislarse dentro
    de los grupos juveniles, necesitan ser retados tambien
    a experimentar las expresiones de oracion en familia y
    comunidad.

74 Los ministros y todo aquel que preside, tienen una
    función importante para determinar la forma en que los
    adolescentes experimentan el culto en grupo. Por ejemplo,
    el comentario inicial de la persona que preside pude ayudar
    a que la asamblea se aclimate, ya sea porque recién se reúne
    o porque es nueva.[27] Es importante que estos ministros
    dejen que su sentido personal de la fe influya en el ejercicio
    de sus funciones. Los adolescentes se percatan de todo.
    Del sentido del humor, de una sonrisa, de una anécdota
    personal, hasta de la admisión de un error cuando algo sale
    mal; todas estas cosas, aunque pequeñas, son importantes
    para involucrar a los adolescentes.

75 Las generaciones más jóvenes han sido criadas dentro de un
    ambiente interactivo con los medios de comunicación. Los
    adolescentes esperan poder tocar, seleccionar y responder
    a la computadora y a escenarios animados. ¿Cómo
    podemos ayudarlos a transferir esa habilidad maravillosa
    de responder a otras personas y a la comunidad cuando
    están en oración? Los adolescentes pueden llevarnos a un
    entendimiento completamente nuevo de la "villa global" y
    la "conectividad litúrgica".

    Las parroquias y escuelas católicas demuestran este
    principio al:

    - fomentar la hospitalidad que se da en la liturgia;
    - animar a los adolescentes a asistir a la liturgia con sus
      amigos;
    - construir un sentido de comunidad entre los
      adolescentes, antes de la liturgia;
    - hacer ministerio de manera personal;
    - afirmar la presencia y el compromiso de los adolescentes
      siempre que sea posible.

Referencias—*En toda era: el desafío del culto con adolescentes*

CIC   *Catecismo de la Iglesia Católica*
DCG   *Directorio Catequístico General*
DMN   *Directorio para las Misas con Niños*
FYH   *Fulfilled in Your Hearing: The Homily in the
        Sunday Assembly*
MCC   *La Música en el Culto Católico*
OGMR   *Ordenación General del Misal Romano*
SC   *Sacrosanctum Concilium, Constitución sobre la
        Sagrada Liturgia*

Notas—*En toda era: el desafío del culto con adolescentes*

[1] Ver SC 6.
[2] SC 10.
[3] DCG #5.
[4] Ver SC 48.
[5] Ver SC 48.
[6] Ver CIC #1140–1144.
[7] Ver SC 37. Ver también CIC #1204-1206 para ampliar el
concepto de la adaptación cultural.
[8] *Voces Proféticas* (Washington, DC, United States Catholic
Conference, 1993), p. 41.
[9] "Nosotros, la juventud hispana, nos comprometemos a
ser misioneros de nuestra propia juventud (peer ministry)
expresando nuestra fe con nuestro espíritu juvenil y a la luz
del Evangelio". *Voces Proféticas* (Washington, DC, United
States Catholic Conference, 1993) p. 41.
[10] OGMR #313.
[11] Ver SC 83.
[12] CIC #2558.
[13] FYH #65.
[14] SC 52.
[15] SC 118.
[16] Ver CIC #1156–1158.
[17] Ver MCC #23–41.
[18] Ver SC 112.
[19] Introducción a la OGMR #15.
[20] SC 7.
[21] SC 123.
[22] Ver CIC #1145–1155.
[23] Ver DMN #33–36.
[24] Ver MCC #104–106.
[25] SC 26.
[26] Ver CIC #1140.
[27] Ver DMN #23.